Simone Kopp

Immobilienbewertung im Rahmen der Erbschaftsteuer

Unter welchen Voraussetzungen ist die Erstellung eines Verkehrswertgutachtens nach §198 BewG sinnvoll?

Diplomica® Verlag GmbH

Kopp, Simone: Immobilienbewertung im Rahmen der Erbschaftsteuer: Unter welchen Voraussetzungen ist die Erstellung eines Verkehrswertgutachtens nach §198 BewG sinnvoll? Hamburg, Diplomica Verlag GmbH 2011

ISBN: 978-3-8428-6973-8
Druck: Diplomica® Verlag GmbH, Hamburg, 2011

Bibliografische Information der Deutschen Nationalbibliothek:
Die Deutsche Nationalbibliothek verzeichnet diese Publikation in der Deutschen Nationalbibliografie; detaillierte bibliografische Daten sind im Internet über http://dnb.d-nb.de abrufbar.

Die digitale Ausgabe (eBook-Ausgabe) dieses Titels trägt die ISBN 978-3-8428-1973-3 und kann über den Handel oder den Verlag bezogen werden.

© Diplomica Verlag GmbH
http://www.diplomica-verlag.de, Hamburg 2011
Printed in Germany

Inhaltsverzeichnis

Abkürzungsverzeichnis

AEBewGrV	Gleich lautende Erlasse der obersten Finanzbehörden der Länder zur Umsetzung des Gesetzes zur Reform des Erbschaftsteuer- und Bewertungsrechts vom 5. Mai 2009
BauGB	Baugesetzbuch
BE	Bewirtschaftungskosten
BetrKV	Verordnung über die Aufstellung von Betriebskosten – Betriebskostenverordnung
BGB	Bürgerliches Gesetzbuch
BewG	Bewertungsgesetz
BW	Bodenwert
c	Übertragungskoeffizient
ErbStG	Erbschaftsteuer- und Schenkungsteuergesetz
ErbStR	Erbschaftsteuer-Richtlinien
EW	Ertragswert
FLK	Freilegungskosten
GRZ	Grundflächenzahl
ImmoWertV	Verordnung über die Grundsätze für die Ermittlung der Verkehrswerte von Grundstücken - Immobilienwertermittlungsverordnung
n	Restnutzungsdauer
p	Liegenschaftszinssatz
RE	Reinertrag
RO	Rohertrag

V	Vervielfältiger
WEG	Gesetz über das Wohnungseigentum und das Dauerwohnrecht – WoEigG
WertR 2006	Richtlinien für die Ermittlung der Verkehrswerte (Marktwerte) von Grundstücken – Wertermittlungsrichtlinien
WertV	Wertermittlungsverordnung
WoFlV	Verordnung zur Berechnung der Wohnfläche
II. BV	Verordnung über wohnwirtschaftliche Berechnungen nach dem zweiten Wohnungsbaugesetz – Zweite Berechnungsverordnung

Abbildungsverzeichnis

Tabellenverzeichnis

Anhangverzeichnis

1 Einleitung

1.1 Problemstellung und Abgrenzung

Durch das am 1.1.2009 in Kraft getretene Erbschaftsteuerreformgesetz soll die durch das Bundesverfassungsgericht erfolgte Vorgabe der Ausrichtung der Bewertung am gemeinen Wert als maßgebliches Bewertungsziel für Zwecke der Erbschaft- und Schenkungsteuer umgesetzt werden. Dies führte zu Neuregelungen der Bewertungsgrundlagen für land- und forstwirtschaftliches Vermögen, Grundvermögen und Betriebsvermögen, welche im neu eingeführten sechsten Abschnitt des Bewertungsgesetzes verankert sind. Die Neuregelungen basieren auf den im gewöhnlichen Geschäftsverkehr anerkannten Wertermittlungsmethoden für die Verkehrswertbewertung von Grundstücken, das Vergleichswert-, Ertragswert- und Sachwertverfahren.

Aufgrund der Notwendigkeit der Standardisierung und Vereinfachung des Besteuerungsverfahrens wurden diese Verfahren jedoch für Zwecke der Besteuerung typisierend geregelt. Diese Vereinfachung und Typisierung kann jedoch unter bestimmten Voraussetzungen zu Bewertungsergebnissen führen, die über dem gemeinen Wert liegen und damit zu einer zu hohen Besteuerung des Steuerpflichtigen. Für diese Fälle wurde in §198 BewG eine sogenannte Öffnungsklausel verankert, welche dem Steuerpflichtigen den Nachweis des niedrigeren gemeinen Werts im Besteuerungszeitpunkt ermöglichen soll.

Es stellt sich nun die Frage, unter welchen Voraussetzungen ein solcher Nachweis des niedrigeren gemeinen Werts nach §198 BewG erfolgversprechend ist und auf einen niedrigeres Bewertungsergebnis führt, als der aufgrund der typisierten, steuerlichen Bewertungsvorschriften ermittelte Bedarfswert.

1.2 Ziel und Aufbau der Studie

Ziel dieser Studie ist es aufzuzeigen, unter welchen Bedingungen der Nachweis des niedrigeren gemeinen Werts nach §198 BewG für den Bereich der bebauten Grundstücke zu einem niedrigeren Bewertungsergebnis führt als die typisierte Bewertung nach dem Bewertungsgesetz. Die Untersuchung soll sich dabei im Rahmen der unterschiedlichen Bewertungsverfahren für bebaute Grundstücke auf die genauere Betrachtung des Ertragswertverfahrens beschränken.

Die vorliegende Studie gliedert sich in sechs Kapitel. Nach dieser kurzen Einleitung erfolgt in [Kapitel 2] ein Überblick über die Möglichkeit des Nachweises des niedrigeren gemeinen Werts nach §198 BewG und seine Voraussetzungen. Des Weiteren werden die rechtlichen Grundlagen der steuerlichen Bedarfsbewertung einerseits, sowie des Nachweises des niedrigeren gemeinen Werts nach §198 BewG andererseits, dargestellt. Im Weiteren erfolgt eine Darstellung der Einflussgrößen auf das Ergebnis der Wertermittlung.

In [Kapitel 3] erfolgt eine Darstellung und Vergleich der verschiedenen Einflussgrößen der Bewertung. Dabei werden die allgemeinen und somit auch die für das Vergleichs- und Sachwertverfahren geltenden Rahmenbedingungen der Bewertung dargestellt und verglichen. Des Weiteren erfolgt eine genaue Betrachtung des Ertragswertverfahrens.

Welchen Einfluss die in [Kapitel 3] ermittelten Abweichungen der einzelnen Parameter auf das Bewertungsergebnis haben, wird in [Kapitel 4] untersucht und dargestellt. Dabei werden die Wirkung der Abweichungen der einzelnen Wertansätze des Ertragswertverfahrens auf das Bewertungsergebnis im Wege der Sensitivitätsanalyse theoretisch näher untersucht und auf reale Konstellationen übertragen.

Die Ergebnisse der Untersuchungen werden schließlich in [Kapitel 5] auf konkrete Fallkonstellationen, wie sie in der Praxis vorkommen angewandt, und eine Empfehlung bezüglich des Nutzens eines Nachweises des niedrigeren gemeinen Werts nach §198 BewG abgeleitet.

Die Studie schließt in [Kapitel 6] mit einer Zusammenfassung und einem Fazit anhand der gewonnenen Erkenntnisse der vorangegangenen Untersuchungen.

2 Grundlagen der Bewertung

2.1 Nachweis des niedrigeren gemeinen Werts

Die aufgrund der Erbschaftsteuerreform geltenden neuen Bewertungsvorschriften der Grundbesitzbewertung sind zwar an die üblichen Bewertungsverfahren für Immobilienbewertungen angenähert, jedoch nicht in allen Bereichen identisch. Aufgrund der Erfordernis eines verfassungsrechtlich zulässigen und praktikablen Steuererhebungsverfahrens sind im Rahmen der steuerlichen Bewertung von Grundbesitz Typisierungen und Vereinfachungen notwendig. Aufgrund dieser Typisierungen und Vereinfachungen kann es bei bestimmten Fallkonstellationen zu Überbewertungen kommen. Um in diesen Fällen eine Benachteiligung des Steuerpflichtigen zu vermeiden hat dieser nach §198 BewG die Möglichkeit nachzuweisen, dass der gemeine Wert der wirtschaftlichen Einheit am Bewertungsstichtag niedriger ist als der nach den Bewertungsvorschriften des Bewertungsgesetzes ermittelte Grundbesitzwert. Diese als „Öffnungsklausel" bezeichnete Möglichkeit steht jedoch einseitig nur dem Steuerpflichtigen zu. Die Finanzbehörden sind ihrerseits an die typisierten Bewertungsverfahren nach dem Bewertungsgesetz gebunden, unabhängig vom jeweiligen Bewertungsergebnis.

Der Nachweis des niedrigeren gemeinen Werts muss für die gesamte wirtschaftliche Einheit erbracht werden. Der Nachweis kann zum einen durch einen innerhalb eines Jahres vor und nach dem Bewertungsstichtag im gewöhnlichen Geschäftsverkehr zustande gekommenen Kaufpreis geführt werden. Ist der Kaufpreis außerhalb dieses Zeitraumes zustande gekommen kann er dennoch als Nachweis akzeptiert werden, wenn sich die Verhältnisse gegenüber den Verhältnissen am Bewertungsstichtag nicht wesentlich geändert haben. Die Indizienwirkung lässt mit größerer zeitlicher Distanz jedoch nach.

Der Nachweis des niedrigeren gemeinen Werts kann auch im Wege eines Sachverständigengutachtens geführt werden. Hierbei obliegt dem Steuerpflichtigen die Nachweislast, nicht nur die bloße Darlegungs- und Feststellungslast[1]. Laut R177 ErbStR ist der durch das Gutachten festgestellte Grundstückswert nicht bindend, sondern unterliegt der freien Beweiswürdigung durch das Finanzamt. Er ist insbe-

---

[1] Vgl. BFH-Urteil vom 10.11.2004, II R69/01, in: BStBL II 2005, S. 259.

sondere auf seine inhaltliche Richtigkeit und Schlüssigkeit zu prüfen. Enthält dieses Gutachten Mängel, so kann es vom Finanzamt zurückgewiesen werden. Findet das Gutachten somit keine Annerkennung als Beweismittel, geht dies zu Lasten des Steuerpflichtigen und der Nachweis eines niedrigeren gemeinen Werts nach §198 BewG gilt somit als nicht erbracht.

Als mögliche Gutachter kommen nach R177 ErbStR der örtliche Gutachterausschuss sowie ein öffentlich bestellter und vereidigter Sachverständiger für die Bewertung von Grundstücken in Betracht. Gutachten anderer Personen, insbesondere Angehöriger der steuerberatenden Berufe sowie Wirtschaftsprüfer finden regelmäßig keine Annerkennung.[1]

2.2   Rechtliche Grundlagen

Steuerliche Bedarfsbewertung

Für die Bewertung von bebauten Grundstücken zum Zwecke der Ermittlung der Erbschaft- und Schenkungsteuer verweist §12 Abs.1 ErbstG auf die allgemeinen Bewertungsvorschriften des Ersten Teils des Bewertungsgesetzes, sofern nicht in den Absätzen 2 bis 7 etwas anderes bestimmt ist. Damit werden auch der Bewertung im Rahmen der Erbschaft- und Schenkungsteuer die allgemeinen Bewertungsgrundsätze nach dem Bewertungsgesetz zugrunde gelegt.

Besondere gesetzliche Regelungen zur Bestimmung des Werts von bebauten Grundstücken finden sich im sechsten Abschnitt des Bewertungsgesetzes für die Bewertung von Grundbesitz, von nicht notierten Anteilen von Kapitalgesellschaften und von Betriebsvermögen für die Erbschaftsteuer ab 1. Januar 2009. Die Werte von bebauten Grundstücken werden für Zwecke der Erbschaft- und Schenkungsteuer nach §151 Abs.1 Nr.1 BewG gesondert festgestellt, wenn sie für die Besteuerung benötigt werden. In §176 BewG erfolgt die Definition, was dem Grundvermögen allgemein zuzurechnen ist. §159 BewG grenzt das Grundvermögen zum Land- und Forstwirtschaftlichen Vermögen ab. Eine Definition des Begriffs der bebauten

---

[1] Vgl. BFH-Urteil vom 10.11.2004, II R69/01, in: BStBL II 2005, S. 259.

Grundstücke nimmt §180 BewG vor und grenzt somit die bebauten Grundstücke innerhalb des Grundvermögens nochmals ein.

Nach dieser Definition handelt es sich bei einem bebauten Grundstück um Grundstücke, auf denen sich benutzbare Gebäude befinden. Das Bewertungsgesetz schreibt im sechsten Abschnitt bestimmte Bewertungsverfahren vor, welche an die Wertermittlungsmethoden der Wertermittlungsverordnung (WertV), die seit dem 1.7.2010 durch die Immobilienwertermittlungsverordnung (ImmoWertV) ersetzt wird, angelehnt sind, allerdings aus Gründen der Praktikabilität aber stark typisiert sind.

Nachweis des niedrigeren gemeinen Werts

Für den Nachweis des niedrigeren gemeinen Werts gelten laut § 198 Abs.2 BewG grundsätzlich die aufgrund der Ermächtigung des §199 Abs.1 BauGB erlassenen Vorschriften. Hierzu gehört insbesondere die Verordnung über die Grundsätze für die Ermittlung der Verkehrswerte von Grundstücken – Immobilienwertermittlungs-verordnung (ImmoWertV) und die Richtlinien für die Ermittlung der Verkehrswerte (Marktwerte) von Grundstücken – Wertermittlungsrichtlinie 2006 (WertR 2006).

Die Immobilienwertermittlungsverordnung ist seit dem 1.7.2010 in Kraft und löst die bis dahin gültige Wertermittlunsverordnung – WertV ab. Aufgrund dieser Ände-rung bedürfen die Wertermittlungsrichtlinien 2006 einer Anpassung. Da jedoch die ImmoWertV weitgehend mit der bisher gültigen WertV übereinstimmt, finden die WertR 2006 bis zu ihrer Überarbeitung weiterhin Anwendung.

2.3 Einflussgrößen auf das Bewertungsergebnis

Um die Frage zu beantworten, wann der Nachweis des niedrigeren gemeinen Werts nach §198 BewG zu einem günstigeren Bewertungsergebnis führen könnte ist zunächst zu untersuchen, welche Faktoren einen Einfluss auf das Bewertungsergeb-nis haben. Hierfür kommen alle Parameter in Betracht, die in irgend einer Form auf das Bewertungsergebnis einwirken.

Zunächst ist zu klären, ob der zu ermittelnde Wert beider Bewertungsverfahren in seiner Definition identisch ist, oder ob bereits ein unterschiedlicher Wert ermittelt werden soll. Des Weiteren ist das bei beiden Verfahren zu bewertende Objekt zu vergleichen, da Unterschiede in der Definition und der Abgrenzung des Bewertungsobjekts auf unterschiedliche Ergebnisse in der Bewertung führen.

Die Anwendung unterschiedlicher Bewertungsverfahren, selbst für ein identisches Objekt, führen in der Regel auf unterschiedliche Bewertungsergebnisse. Daher ist zu prüfen, welches Bewertungsverfahren jeweils zur Anwendung kommt und ob es hier Abweichungen in der Verfahrenswahl gibt.

Letztendlich führt ein unterschiedlicher Aufbau ein und desselben Bewertungsverfahrens, hier des Ertragswertverfahrens, sowie die Größen der Wertansätze der einzelnen Parameter innerhalb des Ertragswertverfahrens auf ein unterschiedliches Bewertungsergebnis. Daher ist zum einen der Aufbau des Ertragswertverfahrens nach der ImmoWertV und nach dem Bewertungsgesetz zu vergleichen, zum anderen sind die Wertansätze der einzelnen Parameter, welche in das Ertragswertwertverfahren einfließen zu vergleichen und auf Abweichungen zu untersuchen.

Im Fall des Ertragswertverfahrens handelt es sich bei den wertbeeinflussenden Parametern, welche in das Verfahren einfließen um den Rohertrag (RO), die Bewirtschaftungskosten (BE), den Bodenwert (BW), die Restnutzungsdauer (n), den Liegenschaftszinssatz (p), sowie den sich aus Liegenschaftszinssatz und Restnutzungsdauer ergebende Vervielfältiger (V).

3   Abweichungen der Einflussgrößen

3.1   Abweichungen im zu ermittelnden Wert

Zu ermittelnder Wert nach dem Bewertungsgesetz

Laut §12 Abs.1 ErbStG sind der Bewertung die Allgemeinen Bewertungsvorschriften des ersten Teils des Bewertungsgesetzes zugrunde zu legen. Daher kommt hier §9 BewG zur Anwendung. Auf §9 BewG wird auch in §177 BewG nochmals Bezug genommen.

Nach §9 BewG ist der Bewertung, sofern nichts anderes vorgeschrieben ist, der gemeine Wert zugrunde zu legen. Laut §9 Abs.2 BewG wird der gemeine Wert durch den Preis bestimmt, der im gewöhnlichen Geschäftsverkehr nach der Beschaffenheit des Wirtschaftsgutes, z. B. Ausstattung, Funktionsfähigkeit, Alter oder Zustand bei einer Veräußerung zu erzielen wäre. Hierbei bleiben ungewöhnliche oder persönliche Verhältnisse des Veräußerers oder eines potentiellen Erwerbers ohne Berücksichtigung. Unter dem gemeinen Wert ist demnach ein objektiver Wert zu verstehen, den ein Wirtschaftsgut für Jederman hat.[1] Das Wirtschaftsgut muss also losgelöst vom Eigentümer betrachtet werden.[2] Dabei sind unter ungewöhnliche Verhältnisse solche Bedingungen zu verstehen, die normalerweise nicht im gewöhnlichen Geschäftsverkehr vorliegen. Zum Beispiel Schwarzmarktbedingungen, Zwangsversteigerungen oder Ähnliches. Als persönliche Verhältnisse sind solche Umstände zu verstehen, die in irgend einer Form in der Person des Käufers oder Verkäufers bestehen oder aus einer Beziehung zwischen beiden resultieren. Dies würde zu Beispiel zutreffen, wenn ein Wirtschaftsgut einen besonderen ideellen Wert für jemanden darstellt.[3]

Zu ermittelnder Wert nach der ImmoWertV

Nach §194 BauGB bestimmt sich der Verkehrswert durch den Preis, der zu dem Zeitpunkt, auf den sich die Ermittlung bezieht, im gewöhnlichen Geschäftsverkehr nach den rechtlichen Gegebenheiten und tatsächlichen Eigenschaften, der sonstigen Beschaffenheit und der Lage des Grundstücks oder des sonstigen Gegenstandes der Wertermittlung ohne Rücksicht auf ungewöhnliche oder persönliche Verhältnisse zu erzielen wäre. Der Verkehrswert ist mit dem Marktwert identisch und stellt den wahren inneren Wert eines Grundstücks dar.[4] Er stellt sich als verobjektivierter, sich aus Angebot und Nachfrage ergebender Tauschwert, welcher am wahrscheinlichsten von jedermann zu erzielen ist dar.[5] Der Verkehrswert soll den Wert darstellen, der

---

[1] Vgl. Kreutziger, Stefan / Schaffner, Margit / Stephany, Ralf: Bewertungsgesetz-Kommentar, 2. Aufl., München 2009, S.38.

[2] Vgl. Hübner, Heinrich: Erbschaftsteuerreform 2009, München 2009, S.474.

[3] Vgl. Kreutziger, Stefan / Schaffner, Margit / Stephany, Ralf: Bewertungsgesetz-Kommentar, 2. Aufl., München 2009, S.40.

[4] Vgl. Kleiber, Wolfgang (Hrsg.): WertR 06: Wertermittlungsrichtlinien und ImmoWertV 2010, 10. Aufl., Köln 2010, S.13.

[5] Vgl. Kleiber, Wolfgang (Hrsg.): WertR 06: Wertermittlungsrichtlinien und ImmoWertV 2010, 10. Aufl., Köln 2010, S.13.

auf einem freien Grundstücksmarkt ohne Berücksichtigung persönlicher Besonderheit des Verkäufers oder Käufers oder eine Beziehung zwischen beiden am wahrscheinlichsten zustande kommen würde.

Abweichungen

Der gemeine Wert nach §9 BewG ist inhaltlich mit der Verkehrswertdefinition nach §194 BauGB identisch. Beide Wertdefinitionen stellen auf die gleichen wesentlichen Sachverhalte ab:

- Wert muss im gewöhnlichen Geschäftsverkehr zustande kommen
- es werden die tatsächlichen Eigenschaften des Grundstücks bzw. Wirtschaftsgutes der Wertfindung zugrunde gelegt
- ungewöhnliche oder persönliche Verhältnisse finden keine Berücksichtigung

In beiden Verfahren soll somit ein begriffsidentischer Wert ermittelt werden.

3.2   Abweichungen im Bewertungsobjekt

Bewertungsobjekt nach dem Bewertungsgesetz

Der Bewertungsgegenstand ist grundsätzlich die wirtschaftliche Einheit nach §2 BewG. Eine wirtschaftliche Einheit kann aus mehreren einzelnen Wirtschaftsgütern bestehen, die auf der Bewertungsebene zu einer wirtschaftlichen Einheit zusammengefasst werden, wobei ein einzelnes Wirtschaftsgut ein selbständig bewertbares Gut das einen in Geld feststellbaren Wert besitzt und Bestandteil des wirtschaftlichen Verkehrs ist darstellt.[1] Für diese wirtschaftliche Einheit ist ein Gesamtwert zu ermitteln. Hierbei dürfen nicht die Werte der einzelnen Wirtschaftsgüter addiert werden, sondern die wirtschaftliche Einheit ist in ihrer Gesamtheit nach den im Bewertungsgesetz festgelegten Bewertungsverfahren zu bewerten. Was als wirtschaftliche Ein-

---

[1] Vgl. Götzenberger, Anton-Rudolf: Optimale Vermögensübertragung: Erbschaft- und Schenkungsteuer, 3. Auflage, Herne 2010, S.58.

heit gilt wird nach §2 Abs.1 BewG zum einen durch die Anschauung des Verkehrs definiert. Dabei gilt die Auffassung der Allgemeinheit vernünftig denkender Menschen[1].

Zusätzlich stellt §2 Abs.2 BewG auf die örtlichen Gewohnheiten und die tatsächliche Übung ab. Wobei unter örtlichen Gewohnheiten das zu verstehen ist, was tatsächlich regelmäßig ausgeübt wird. Dabei ist mit tatsächlicher Übung gemeint, was der Eigentümer tatsächlich mit dem Wirtschaftsgut anfängt. Weicht die tatsächliche Übung von den örtlichen Gewohnheiten ab, so ist der tatsächlichen Übung der Vorrang zu geben.

Zusätzlich ist nach §2 BewG noch die Zweckbestimmung und die wirtschaftliche Zusammengehörigkeit zur Beurteilung heranzuziehen. Dabei stellt die Zweckbestimmung auf den aus dem Geschehen abgeleiteten tatsächlichen objektiven Willen des Eigentümers ab. Bei der wirtschaftlichen Zusammengehörigkeit wird der Funktionszusammenhang der einzelnen Wirtschaftsgüter näher betrachtet und beurteilt, ob sie zur Zusammenfassung zu einer wirtschaftlichen Einheit geeignet sind. Laut §2 Abs.2 BewG kann jedoch nur dies als wirtschaftliche Einheit betrachtet werden, was dem selben Eigentümer gehört.[2]

Nach Abschnitt 1 Abs.1 des gleich lautenden Erlasses der obersten Finanzbehörden der Länder zur Umsetzung des Gesetzes zur Reform des Erbschaftsteuer- und Bewertungsrechts vom 5. Mai 2009 - AEBewGrV gehört zum Grundvermögen der Grund und Boden, die Gebäude, die sonstigen Bestandteile und das Zubehör. Ebenso zählen laut Abschnitt 1 Abs.1 AEBewGrV das Erbbaurecht, das Wohnungs- und Teileigentum sowie das Wohnungserbbaurecht und das Teilerbbaurecht zum Grundvermögen.

Laut Abschnitt 2 AEBewGrV gilt als wirtschaftliche Einheit des Grundvermögens das Grundstück. Dabei unterscheidet sich der Begriff des Grundstücks nach dem Bewertungsgesetz von dem Grundstück im Sinne des bürgerlichen Rechts. Es muss sich dabei also nicht um eine grundbuchlich erfassbare Parzelle handeln. Maßgebend

---

[1] Vgl. Kreutziger, Stefan / Schaffner, Margit / Stephany, Ralf: Bewertungsgesetz-Kommentar, 2. Aufl., München 2009, S.16.

[2] Eine Ausnahme bildet jedoch der Umfang der wirtschaftlichen Einheit bei Ehegatten nach §26 BewG.

was als wirtschliche Einheit anzusehen ist, ist laut Abschnitt 2 S.3 AEBewGrV die Anschauung des Verkehrs.

Laut Abschnitt 8 Abs.3 AEBewGrV umfasst die wirtschaftliche Einheit des Grundstücks den Grund und Boden, die Gebäude, die Aussenanlagen, sonstige wesentliche Bestandteile und das Zubehör, wobei laut Abschnitt 1 Abs.3 AEBewGrV Bodenschätze sowie Maschinen und Betriebsvorrichtungen nicht mit einzubeziehen sind, auch wenn sie zu wesentlichen Bestandteilen des Gebäudes geworden sind. Dem Grund und Boden werden nach Abschnitt 8 Abs.4 AEBewGrV die bebaute Fläche, sowie die mit dem Gebäude im Zusammenhang stehende unbebaute Fläche z. B. Hofraum, Haus- und Vorgarten zugerechnet. Direkt daran anschließende größere unbebaute Flächen sind für ihre Zugehörigkeit nach der allgemeinen Verkehrsanschauung zu beurteilen, wobei es sich durchaus um selbständige wirtschaftliche Einheiten handeln kann. Als wesentliche Bestandteile des Grundstücks sind jedoch die mit dem Gebäude verbundenen Anbauten, sowie Nebengebäude wie z. B. Garagen anzusehen, sofern sie auf dem mit dem Hauptgebäude bebauten Grundstück stehen. Nebengebäude die getrennt vom Hauptgebäude stehen bilden hingegen eine eigene wirtschaftliche Einheit.

Bewertungsobjekt nach der ImmoWertV

Laut §1 Abs.1 ImmoWertV kann es sich bei dem Gegenstand der Wertermittlung um ein Grundstück, seine Bestandteile sowie sein Zubehör handeln. Nach Nr. 1.4 WertR 2006 ist demnach als Bewertungsobjekt ein Grundstück, ein Grundstücksteil einschließlich seiner Bestandteile wie Gebäude Aussenanlagen, sonstige Anlagen sowie das Zubehör denkbar. Gegenstand einer Wertermittlung können auch besondere Betriebseinrichtungen sein. Weitere Bestandteile eines Grundstücks können Rechte darstellen, die mit dem Eigentum an einem Grundstück verbunden sind wie z. B. Belastungen privatrechtlicher Art, z. B. Dienstbarkeiten oder öffentlich rechtlicher Art wie etwa Baulasten die auf dem Grundstück ruhen. Auch Belastungen und ihr wertmindernder Einfluss oder einzelne Bestandteile von Grundstücken können Gegenstand einer Wertermittlung sein.

A b w e i c h u n g e n

Das Bewertungsobjekt nach dem Bewertungsgesetz stellt das abstrakte steuerrechtliche Gebilde der wirtschaftlichen Einheit dar, wobei der Begriff der wirtschaftlichen Einheit nicht identisch ist mit dem Grundstück im Sinne des bürgerlichen Rechts. Die Ausgestaltung der wirtschaftlichen Einheit für den konkreten Bewertungsfall orientiert sich daher immer an der Anschauung des Verkehrs, der örtlichen Gewohnheiten, der tatsächlichen Übung im konkreten Fall, der Zweckbestimmung und der wirtschaftlichen Zusammengehörigkeit der einzelnen Wirtschaftsgüter. Die sich aufgrund dieser Vorschrift ergebenden Bewertungsobjekte unterscheiden sich von Fall zu Fall und können daher sehr unterschiedliche Ausprägungen annehmen. Dahingegen ist die ImmoWertV wesentlich freier in der Bestimmung des Bewertungsobjekts. Es kann sich z. B. um ein Grundstück oder auch nur um ein Grundstücksteil handeln, welches zur Bewertung herangezogen wird. Das Bewertungsobjekt kann daher den Erfordernissen des Einzelfalles angepasst und entsprechend eingegrenzt werden.

W e r t b e e i n f l u s s e n d e   R e c h t e   u n d   B e l a s t u n g e n   p r i v a t r e c h t l i c h e r   o d e r   ö f f e n t l i c h - r e c h t l i c h e r   A r t

Einen Sonderfall im Rahmen der Bestimmung des maßgeblichen Bewertungsobjekts stellen die auf dem Grundstück ruhenden Rechte und Belastungen privatrechtlicher oder öffentlich-rechtlicher Art dar. Diese Rechte und Belastungen finden im Rahmen der typisierten Wertermittlung nach dem Bewertungsgesetz keine Berücksichtigung.

Nach Nr. 1.4 WertR 2006 sind sie jedoch Bestandteil eines Grundstücks und werden daher in der Wertermittlung berücksichtigt. Auf diesen Sachverhalt nimmt auch Abschnitt 43 Abs.3 S.5 AEBewGrV nochmals Bezug und schreibt ausdrücklich die Berücksichtigung sämtlicher wertbeeinflussender Umstände, insbesondere auch den Wert beeinflussende Rechte und Belastungen privatrechtlicher und öffentlich-rechtlicher Art, im Rahmen des Nachweises des niedrigeren gemeinen Werts vor.

Hier weicht die steuerliche Bedarfsbewertung von der Verkehrswertermittlung auf der Grundlage der nach § 199 Abs.1 BauGB erlassenen Vorschriften deutlich ab.

3.3 Abweichungen im anzuwendenden Bewertungsverfahren

Anzuwendendes Bewertungsverfahren nach dem Bewertungsgesetz

Zur Bewertung von bebauten Grundstücken für die Erbschaft- und Schenkungsteuer kommen nach dem Bewertungsgesetz das Vergleichswertverfahren, das Ertragswertverfahren und das Sachwertverfahren zur Anwendung. Das jeweils anzuwendende Verfahren bestimmt sich nach der Grundstücksart, welcher das Bewertungsobjekt zuzuordnen ist. Nach §181 Abs.1 BewG unterscheidet das Bewertungsgesetz folgende Grundstücksarten:

- Ein- und Zweifamilienhäuser
- Mietwohngrundstücke
- Wohnungs- und Teileigentum
- Geschäftsgrundstücke
- gemischt genutzte Grundstücke
- sonstige bebaute Grundstücke

Ein- und Zweifamilienhäuser:

Ein- und Zweifamilienhäuser dürfen nach §181 Abs.2 BewG bis zu zwei Wohnungen beinhalten. Laut §181 Abs.9 BewG handelt es sich bei einer Wohnung um eine Zusammenfassung mehrerer Räume, die so geschaffen sein müssen, dass die Führung eines selbständigem Haushalts möglich ist. Die zur Wohnung gehörenden Räume müssen von anderen Räumen baulich getrennt sein und einen eigenen Zugang haben. Zusätzlich müssen die zur Führung eines selbständigen Haushalts notwendigen Nebenräume wie Küche, Bad oder Dusche und Toilette vorhanden sein. Die Wohnfläche muss mindestens 23 qm betragen. Die Berechnung der maßgeblichen Wohnfläche erfolgt laut H9 AEBewGrV nach der Wohnflächenberechnungsverordnung - WoFIV vom 25.11.2003.

Ein Gebäude gilt auch noch als Ein- oder Zweifamilienhaus, wenn es zu weniger als 50 %, berechnet nach der Wohn- oder Nutzfläche, zu anderen als zu Wohnzwecken mitbenutzt und dadurch in seiner Eigenart als Ein- oder Zweifamilienhaus nicht wesentlich beeinträchtigt wird. Maßgeblich ist dabei das äußere Erscheinungsbild.[1] Bei den Wohnungen darf es sich nicht um Wohnungseigentum nach dem Wohnungseigentumsgesetz – WEG handeln.

Mietwohngrundstück:

Gemäß §181 Abs.3 BewG sind Mietwohngrundstücke Grundstücke die zu mehr als 80 %, berechnet nach der Wohn- und Nutzfläche zu Wohnzwecken dienen. Die maßgebliche Fläche ist laut Abschnitt 9 Abs.2 AEBewGrV nach der WoFIV zu berechnen. Als Negativabgrenzung darf es sich bei dem Objekt nicht um ein Ein- oder Zweifamilienhaus handeln. Das heißt, im Gebäude müssen sich mehr als zwei Wohnungen befinden. Es darf auch kein Wohnungseigentum im Sinne des WEG vorliegen.

Wohnungs- und Teileigentum:

Bei Wohnungseigentum handelt es sich laut §1 Abs.2 WEG um Sondereigentum an einer Wohnung in Verbindung mit dem Miteigentumsanteil an dem gemeinschaftlichen Eigentum zu dem es gehört. Teileigentum stellt nach §1 Abs. 3 WEG das Sondereigentum an nicht zu Wohnzwecken dienenden Räumen eines Gebäudes, in Verbindung mit dem Miteigentumsanteil an dem gemeinschaftlichen Eigentum zu dem es gehört dar.

Wohnungs- bzw. Teileigentum entsteht entweder laut §3 WEG dadurch, dass jedem Miteigentümer das Sondereigentum an einer Wohnung oder an nicht zu Wohnzwecken dienenden Räumen eingeräumt wird, oder nach §8 WEG durch eine Teilungserklärung. Bei Wohnungs- bzw. Teileigentum muss es sich nicht zwingend um eine Wohnung handeln, z. B. kann Wohnungs- bzw. Teileigentum auch in Form eines ganzen Hauses vorliegen. Dies trifft z. B. oftmals auf Reihen- oder Kettenhäuser zu. Auch werden teilweise ganze Einfamilienhaussiedlungen in Form von Wohnungs- bzw. Teileigentum errichtet. Das äußere Erscheinungsbild ist hier nicht aus-

---

[1] Vgl. Droszdol, Wolf-Dietrich / Stemmler, Johannes: Die neue Bewertung des Grundbesitzes nach dem Erbschaftsteuerreformgesetz, Sinzig 2009, S.115.

schlaggebend. Für die Einordnung als Wohnungs- oder Teileigentum ist allein die rechtliche Gegebenheit, die sich aus dem Grundbuch ergibt entscheidend.

Laut Abschnitt 10 Abs.5 AEBewGrV sind Zubehörräume wie Keller- oder Abstellräume die der Grundstückseigentümer zusammen mit seinem Miteigentumsanteil nutzt, unabhängig von der zivilrechtlichen Gestaltung, in die wirtschaftliche Einheit mit einzubeziehen. Ebenso ist mit Garagen die zur Wohnung gehören zu verfahren.

Bei der Einordnung von Grundstücken als Wohnungs- oder Teileigentum ist die Art der Nutzung unerheblich. Laut §176 Abs.1 Nr.3 BewG handelt es sich bei jedem Wohnungseigentum und Teileigentum um ein Grundstück im Sinne des Bewertungsgesetzes.

Geschäftsgrundstücke:

Nach §181 Abs.6 BewG sind Geschäftsgrundstücke Grundstücke, die zu mehr als 80 %, berechnet nach ihrer Wohn- und Nutzfläche, eigenen oder fremden betrieblichen oder öffentlichen Zwecken dienen. Die Flächenberechnung erfolgt wiederum nach der WoFIV vom 25.11.2003. Es darf sich nicht um Teileigentum nach dem WEG handeln.

Gemischt genutzte Grundstücke:

Gemischt genutzte Grundstücke sind laut §181 Abs.7 BewG Grundstücke, die teils Wohnzwecken und teils eigenen oder fremden betrieblichen oder öffentlichen Zwecken dienen. Als Negativabgrenzung darf es sich bei dem Grundstück nicht um ein Ein- oder Zweifamilienhaus, Wohnungs- oder Teileigentum, Mietwohngrundstück oder Geschäftsgrundstück handeln.

Sonstige bebaute Grundstücke:

Nach §181 Abs. 8 BewG sind sonstige bebaute Grundstücke Grundstücke, die sich unter keiner der anderen Grundstücksarten einordnen lassen. Es handelt es sich hierbei um einen Auffangtatbestand.

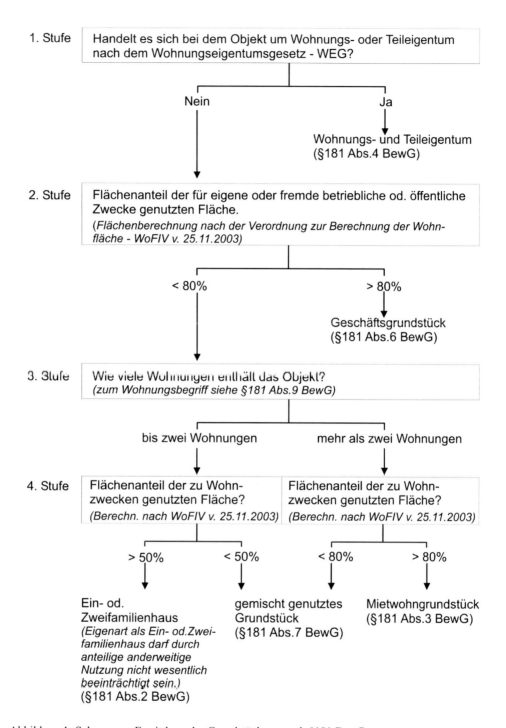

1. Stufe — Handelt es sich bei dem Objekt um Wohnungs- oder Teileigentum nach dem Wohnungseigentumsgesetz - WEG?

Nein

Ja

Wohnungs- und Teileigentum
(§181 Abs.4 BewG)

2. Stufe — Flächenanteil der für eigene oder fremde betriebliche od. öffentliche Zwecke genutzten Fläche.
(*Flächenberechnung nach der Verordnung zur Berechnung der Wohnfläche - WoFIV v. 25.11.2003*)

< 80%

> 80%

Geschäftsgrundstück
(§181 Abs.6 BewG)

3. Stufe — Wie viele Wohnungen enthält das Objekt?
(*zum Wohnungsbegriff siehe §181 Abs.9 BewG*)

bis zwei Wohnungen

mehr als zwei Wohnungen

4. Stufe — Flächenanteil der zu Wohnzwecken genutzten Fläche?
(*Berechn. nach WoFIV v. 25.11.2003*)

Flächenanteil der zu Wohnzwecken genutzten Fläche?
(*Berechn. nach WoFIV v. 25.11.2003*)

> 50%

< 50%

< 80%

> 80%

Ein- od. Zweifamilienhaus
(*Eigenart als Ein- od. Zweifamilienhaus darf durch anteilige anderweitige Nutzung nicht wesentlich beeinträchtigt sein.*)
(§181 Abs.2 BewG)

gemischt genutztes Grundstück
(§181 Abs.7 BewG)

Mietwohngrundstück
(§181 Abs.3 BewG)

Abbildung 1: Schema zur Ermittlung der Grundstücksart nach §181 BewG

15

Grundstücke, die sich keiner Grundstücksart zuordnen lassen sind laut §181 Abs.8 BewG den sonstigen bebauten Grundstücken zuzuordnen.

Ableitung des Bewertungsverfahrens

Wurde die zugrunde zu legende Grundstücksart bestimmt, erfolgt nach §182 BewG die Ableitung des anzuwendenden Bewertungsverfahrens.

Im Vergleichswertverfahren sind nach §182 Abs.2 BewG zu bewerten:

- Wohnungseigentum

- Teileigentum

- Ein- und Zweifamilienhäuser

Im Ertragswertverfahren sind nach §182 Abs.3 BewG zu bewerten:

- Mietwohngrundstücke

- Geschäftsgrundstücke und gemischt genutzte Grundstücke, für die sich auf dem örtlichen Grundstücksmarkt eine übliche Miete ermitteln lässt

Im Sachwertverfahren sind nach §182 Abs.4 BewG zu bewerten:

- Wohnungseigentum, Teileigentum und Ein- und Zweifamilienhäuser, wenn kein Vergleichswert vorliegt
- Geschäftsgrundstücke und gemischt genutzte Grundstücke, wenn sich die ortsübliche Miete nicht ermitteln lässt
- Sonstige bebaute Grundstücke

Grundstücksart nach §181 BewG	Vergleichswert- verfahren (§183 BewG)	Ertragswert- verfahren (§184 BewG)	Sachwert- verfahren (§189 BewG)
1. Wohnungseigentum	∎		∎ ⎤ anzuwenden, wenn
2. Teileigentum	∎		∎ ⎬ kein geeigneter Vergleichswert
3. Ein- oder Zweifamilien- häuser	∎		∎ ⎦ vorliegt
4. Mietwohngrundstücke		∎	
5. gemischt genutzte Grundstücke		∎	∎ ⎤ anzuwenden, wenn sich die ortsübliche Miete nicht ermitteln
6. Geschäftsgrundstücke		∎	∎ ⎦ lässt
7. sonstige bebaute Grundstücke			∎

Abbildung 2: Übersicht über die Anwendung der verschiedenen Bewertungsverfahren

Anzuwendendes Bewertungsverfahren nach der Immo-WertV

Laut §8 ImmoWertV kommen im Rahmen der Verkehrswertermittlung von Grundstücken das Vergleichswertverfahren, das Ertragswertverfahren, das Sachwertverfahren oder mehrere dieser Verfahren[1] zur Anwendung. Bei der Auswahl des im Einzelfall anzuwendenden Verfahrens ist nach Nr.3.1 WertR 2006 auf die Art des Wertermittlungsobjekts, die im allgemeinen Geschäftsverkehr bestehenden Gepflogenheiten, die zur Verfügung stehenden Daten und die sonstigen Umstände des Einzelfalls abzustellen.

Es ist jenes Verfahren anzuwenden, welches am ehesten in der Lage ist die Mechanismen nachzubilden, unter denen im gewöhnlichen Geschäftsverkehr der Verkehrswert vermutlich zustande kommt.

---

[1] zur Problematik bei der Anwendung mehrerer Verfahren in einem Verkehrswertgutachten siehe auch BFH-Urteil vom 3.12.2008, IIR 19/08, in BStBl. II 2009, S.403.

Vergleichswertverfahren (§15 ImmoWertV)

Das Vergleichswertverfahren ist in der Regel für Objekte anzuwenden, für die sich der Markt an Vergleichspreisen orientiert. Hierzu ist eine Vergleichbarkeit der Objekte und eine ausreichende Anzahl an zeitnahen Verkaufsfällen notwendig. Es ist nach Nr. 3.1.1 WertR 2006 u.U. auch möglich eine Vergleichbarkeit über Umrechnungsfaktoren, Indexreihen und Vergleichsfaktoren herzustellen. Eine ausreichende Datengrundlage zur Anwendung des Vergleichswertverfahrens steht hier in der Regel nur bei unbebauten Grundstücken, Eigentumswohnungen oder Reihenhäusern bzw. ähnlichen standardisierten Objekten zur Verfügung.

Ertragswertverfahren (§§17 – 20 ImmoWertV)

Das Ertragswertverfahren findet Anwendung für Objekte, deren Verkehrswert hauptsächlich vom erwirtschafteten Ertrag abhängt. Es handelt sich hier im Allgemeinen um die üblichen Renditeobjekte wie Mehrfamilienhäuser oder große Gewerbeobjekte.

Sachwertverfahren (§§21 – 23 ImmoWertV)

Im Sachwertverfahren werden üblicherweise Objekte bewertet, bei denen die Herstellungskosten wertbestimmend sind. Es steht hier weniger die Ertragserzielung als der individuelle Nutzungswert im Vordergrund. In der Regel trifft dies auf eigengenutzte Objekte zu, wie z. B. individuell gestaltete Einfamilienhäuser.

Abweichungen

Für die steuerliche Bewertung von Grundstücken gelten strenge Regeln bezüglich des Bewertungsverfahrens. Das anzuwendende Verfahren bestimmt sich hier allein nach der Grundstücksart. Steht für das vorrangig anzuwendende Verfahren keine ausreichende Datengrundlage zur Verfügung, sind entsprechende Ausweichverfahren vorgegeben. Allein im Fall der Mietwohngrundstücke und sonstigen bebauten Grundstücken kommt nur ein Verfahren zur Anwendung.

Dagegen ist im Rahmen der Verkehrswertermittlung kein bestimmtes Verfahren vorgesehen, außer für die Ermittlung des Bodenwerts, bei der nach §16 ImmoWertV dem Vergleichswertverfahren der Vorzug zu geben ist.

Der Sachverständige ist hier also grundsätzlich frei in der Wahl des Verfahrens. Er hat seine Wahl jedoch zu begründen und das Ergebnis in Bezug auf seine Aussagefähigkeit zu würdigen. Auch die Anwendung mehrerer Verfahren gleichzeitig zur Überprüfung und weiterer Untermauerung der Ergebnisse ist laut §8 Abs.1 Immo-WertV ausdrücklich möglich.[1]

3.4 Abweichungen innerhalb des Ertragswertverfahrens

3.4.1 Abweichungen im Aufbau des Ertragswertverfahrens

Grundsätzlicher Aufbau des Ertragswertverfahrens

Das Ertragswertverfahren ist ein Verfahren, bei dem der Wert eines Grundstücks über die Erträge die es erwirtschaftet gebildet wird. Man geht bei diesem Verfahren davon aus, dass die Erträge eine Verzinsung des investierten Kapitals darstellen und somit über diese Erträge ein Rückschluss auf das im Grundstück gebundene Kapital, und somit auf den Wert des Objekts möglich ist.

Beim Ertragswertverfahren setzt sich der Ertragswert des Grundstücks aus zwei Teilen zusammen. Im ersten Teil wird der Wert des aufstehenden Gebäudes über seinen erwirtschafteten Ertrag bestimmt, indem man von den Roherträgen (RO) des Gebäudes die Bewirtschaftungskosten (BE) abzieht und somit den Reinertrag (RE) des Gebäudes pro Jahr bestimmt. Von diesem Reinertrag wird nun im Rahmen der Opportunitätskosten die Verzinsung des Bodenwerts (BW) abgezogen. Als Zinssatz (p) kommt hier der Liegenschaftszinssatz zur Anwendung. Das Ergebnis stellt den Reinertrag des Gebäudes pro Jahr dar, dieser ist nun über die Restnutzungsdauer (n) des Gebäudes zu kapitalisieren. Hierzu ist der Reinertrag mit dem Vervielfältiger zu kapitalisieren. Bei diesem Vervielfältiger handelt es sich um einen Barwertfaktor, der

---

[1] zur Problematik bei der Anwendung mehrerer Verfahren in einem Verkehrswertgutachten siehe auch BFH-Urteil vom 3.12.2008, IIR 19/08,in BStBl. II 2009, S.403.

in Abhängigkeit vom jeweiligen Liegenschaftszinssatz und der Restnutzungsdauer des Gebäudes gebildet wird. Als Ergebnis liegt nun der Gebäudeertragswert vor. Dieser stellt den gesamten Ertrag aus dem Gebäude über die Restnutzungsdauer, abgezinst auf den Bewertungszeitpunkt und somit den Restwert des Gebäudes dar.

Im zweiten Teil des Ertragswertverfahrens kommt nun der Wert des Grund und Bodens – Bodenwert (BW) zum Ansatz. Dieser errechnet sich aus dem jeweils anzuwendenden Bodenrichtwert und der Fläche des Grundstücks. Da sich der Grund und Boden nicht abnützt erfolgt hier keine Kapitalisierung.

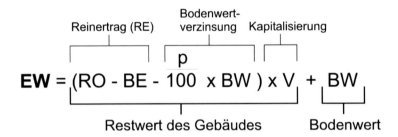

Aufbau des Ertragswertverfahrens nach dem Bewertungsgesetz

Nach §182 Abs.3 BewG sind Mietwohngrundstücke, Geschäftsgrundstücke und gemischt genutzte Grundstücke, für die sich auf dem örtlichen Grundstücksmarkt eine Miete ermitteln lässt, im Ertragswertverfahren zu bewerten. Das steuerliche Ertragswertverfahren folgt dem klassischen Ertragswertverfahren und ist stark an das Ertragswertverfahren nach der Immobilienwertermittlungsverordnung - ImmoWertV angelehnt. Grafisch stellt sich das Ertragswertverfahren nach dem Bewertungsgesetz wie folgt dar:

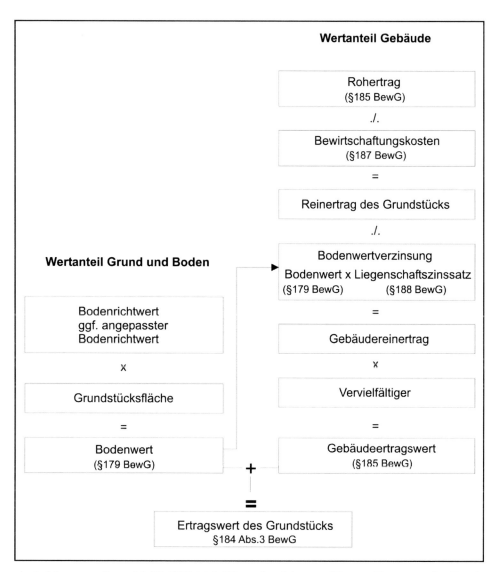

a: in Anlehnung an Droszdol, Wolf-Dietrich / Stemmler, Johannes: Die neue Bewertung des Grundbesitzes nach dem Erbschaftsteuerreformgesetz, Sinzig 2009, S. 126.

Abbildung 3: grafische Darstellung des Ertragswertverfahrens nach dem Bewertungsgesetz

Aufbau des Ertragswertverfahrens nach der ImmoWertV

Laut §17 Abs.1 ImmoWertV wird im Ertragswertverfahren der Ertragswert eines
Grundstücks auf der Grundlage marktüblich erzielbarer Erträge ermittelt. Wenn eine
wesentliche Änderung der Erträge zu erwarten ist, oder die Erträge stark von den
marktüblich erzielbaren Erträgen abweichen, kann der Ertragswert auch auf der

Grundlage periodisch unterschiedlicher Erträge ermittelt werden. Nach §17 Immo-WertV stehen drei Verfahrensvarianten zur Verfügung.

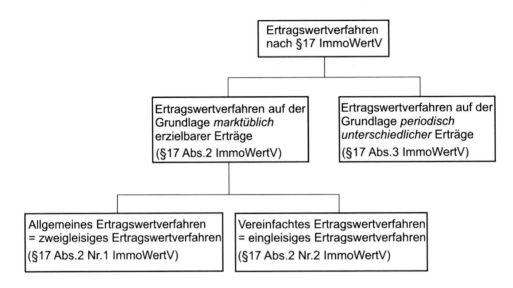

Abbildung 4: Die verschiedenen Ertragswertverfahren nach der ImmoWertV

Allgemeines Ertragswertverfahren

Diese Verfahrensvariante wird auch zweigleisiges Ertragswertverfahren genannt und stellt das Standardverfahren der ImmoWertV dar. Bei dieser Variante wird der Gebäudeertragswert getrennt vom Bodenwert ermittelt.

Vom Reinertrag (RE) des Gebäudes wird die Verzinsung des Grund und Bodens abgezogen und so der Reinertrag der baulichen Anlagen ermittelt. Teilflächen des Grundstücks die selbständig genutzt oder verwertet werden könnten, und die für die angemessene Nutzung der baulichen Anlagen nicht benötigt werden, sind laut §17 Abs.2 Nr.1 ImmoWertV bei der Verzinsung des Bodenwerts nicht zu berücksichtigen. Es ist daher möglich, dass zur Berechnung zwei verschiedene Bodenwerte gebildet werden müssen. Der so ermittelte Reinertrag der baulichen Anlagen wird mit dem auf der Grundlage des Liegenschaftszinssatzes (p) und der Restnutzungsdauer (n) des aufstehenden Gebäudes ermittelten Vervielfältiger kapitalisiert, und ergibt somit den Ertragswert der baulichen Anlagen. Der Ertragswert der baulichen Anlagen ergibt zusammen mit dem Bodenwert (BW) den vorläufigen Grundstücksertragswert.

$$\text{EW} = \underbrace{\left(\text{RE} - \frac{p}{100} \times \text{BW}\right) \times \text{V}}_{\text{Ertragswert d. baul. Anlagen}} + \underbrace{\text{BW}}_{\text{Bodenwert}}$$

ohne Berücksichtigung selbständig nutzbarer Teilflächen

Vereinfachtes Ertragswertverfahren

Beim vereinfachten Ertragswertverfahren bzw. eingleisigen Ertragswertverfahren erfolgt keine Aufspaltung in einen Bodenwert- und Gebäudewertanteil. Nach §17 Abs.2 Nr.2 ImmoWertV wird bei dem vereinfachten Ertragswertverfahren der Ertragswert des Grundstücks gebildet, indem der Reinertrag (RE) mit dem auf der Grundlage der Restnutzungsdauer (n) der baulichen Anlagen und des anzuwendenden Liegenschaftszinssatzes (p) ermittelten Vervielfältigers (V) kapitalisiert wird. Der anzusetzende Bodenwert wird ermittelt, indem der Wert des Grund und Bodens über die Restnutzungsdauer (n) der baulichen Anlagen auf den Wertermittlungsstichtag abgezinst wird. Hierbei ist wiederum nur die Umgriffsfläche des Gebäudes zu berücksichtigen. Teilflächen die selbständig genutzt oder verwertet werden könnten sind hierbei nicht zu berücksichtigen. Sie kommen als selbständige Größe in voller Höhe zum Ansatz.

Das Ergebnis stellt den vorläufigen Ertragswert des Grundstücks dar. Dieser Wert ist als Barwert aller Reinerträge (RE) die über die Restnutzungsdauer (n) der baulichen Anlagen erwirtschaftet werden, und des Bodenwerts (BW) der Umgriffsfläche zum Bewertungsstichtag, zu sehen. Zusätzlich muss noch der Bodenwert einer eventuell vorhandenen, selbständig nutzbaren Teilfläche berücksichtigt werden. Falls eine solche Teilfläche vorhanden ist, muss auch bei dem vereinfachten Ertragswertverfahren ein zweiter Bodenwert eingeführt werden.

Bei einer Restnutzungsdauer (n) der baulichen Anlagen von mindestens 50 Jahren kann laut Nr. 3.5 WertR 2006 der diskontierte Bodenwert unbeachtet bleiben, da dieser durch die Diskontierung vernachlässigbar klein wird. Der Wert selbständig nutzbarer Teilflächen ist jedoch weiterhin in voller Höhe zu berücksichtigen.

$$\underset{\begin{array}{c}\text{ohne Berücksichtigung selbständig}\\\text{nutzbarer Teilflächen}\end{array}}{\mathbf{EW} = RE \times V} + \underset{\begin{array}{c}\text{Bodenwert selbständig}\\\text{nutzbarer Teilflächen}\end{array}}{BW \times q^{-n} + BW}$$

wobei gilt:

$$q = \left(\frac{p}{100}\right) + 1$$

Das allgemeine Ertragswertverfahren und das vereinfachte Ertragswertverfahren führen auf das gleiche Ergebnis, da sie sich mathematisch entsprechen.

Ertragswertverfahren auf der Grundlage periodisch unterschiedlicher Erträge

Nach §17 Abs.3 ImmoWertV wird der Ertragswert bei diesem Verfahren aus den durch gesicherte Daten abgeleiteten, periodisch erzielbaren Reinerträgen innerhalb eines Betrachtungszeitraumes und dem Restwert des Grundstücks am Ende des Betrachtungszeitraums ermittelt. Die periodischen erzielten Reinerträge (RE) und der Restwert sind auf den Wertermittlungsstichtag abzuzinsen. Der zugrunde gelegte Betrachtungszeitraum beträgt in der Regel maximal 10 Jahre, da die Datengrundlage mit wachsendem Betrachtungshorizont immer ungenauer wird. Das Verfahren eignet sich daher für Objekte, bei welchen mit Sicherheit in der nächsten Zeit unterschiedliche Reinerträge vorliegen werden, oder für Objekte mit einer geringen Restnutzungsdauer, bei welchen in absehbarer Zeit das Grundstück freizulegen ist und daher entsprechende Freilegungskosten (FLK) zu berücksichtigen sind.

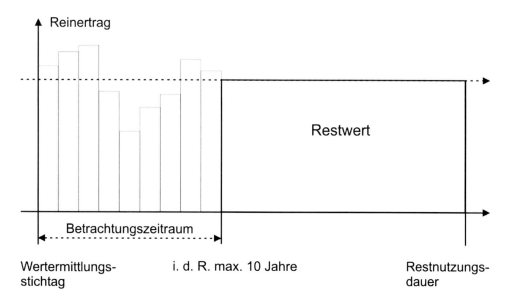

b: In Anlehnung an Metzger, Bernd: Wertermittlung von Immobilien und Grundstücken, 4. Auflage, Freiburg, Br.; Berlin; München 2010, S. 76.

Abbildung 5: Ertragswertverfahrens auf der Grundlage periodisch unterschiedlicher Erträge

Der Restwert stellt allgemein den Wert des Grundstücks am Ende des Betrachtungszeitraumes dar. Ist die Restnutzungsdauer der baulichen Anlagen größer als der Betrachtungszeitraum, setzt sich der Restwert aus der Summe der noch erwirtschaftbaren Reinerträge des Grundstücks nach dem Betrachtungszeitraum und dem Bodenwert (BW) des Grundstücks am Ende der Gesamtnutzungsdauer, abzüglich der Freilegungskosten (FLK) zur Entfernung der dann nicht mehr nutzbaren Gebäude zusammen. Entspricht die Länge des Betrachtungszeitraums der Restnutzungsdauer der baulichen Anlagen, so setzt sich der Restwert aus dem Bodenwert (BW) bei Beendigung der Nutzung abzüglich der Freilegungskosten zusammen.

$$EW = \sum_{n=1}^{n} RE_i \times q^{-n} + (BW - FLK) \times q^{-n}$$

Betrachtungszeitraum (i. d. R. max. 10 Jahre)   Restwert des Grundstücks am Ende der Nuzungsdauer der baulichen Anlagen

wobei gilt:

$$q = \left(\frac{p}{100}\right) + 1$$

Wird mit identischen Werten gerechnet, führt auch das Ertragswertverfahren auf der Grundlage periodisch unterschiedlicher Erträge auf das selbe Ergebnis wie die beiden anderen Varianten des Ertragswertverfahrens nach der Immobilienwertermittlungsverordnung.

Objektspezifische Marktanpassung

Ergebnis der Ertragswertermittlung nach einer der drei Varianten des Ertragswertverfahrens der Immobilienwertermittlungsverordnung ist der vorläufige Ertragswert. Dieser stellt ein Rechenergebnis dar, welches in der Regel noch keine besonderen Eigenschaften des konkret zu bewertenden Objekts erfasst. Laut §8 Abs.2 Nr.1 ImmoWertV ist dieser vorläufige Ertragswert noch an die allgemeinen Wertverhältnisse auf dem Grundstücksmarkt anzupassen. Zusätzlich sind nach §8 Abs.2 Nr.2 ImmoWertV noch besondere objektspezifische Grundstücksmerkmale zu berücksichtigen. Sonstige bei der Wertermittlung noch nicht berücksichtigte, wertbeeinflussende Umstände sind laut §8 Abs.4 ImmoWertV noch ergänzend zu berücksichtigen. Ziel dieser Anpassungen ist die Ableitung eines zum Bewertungszeitpunkt auf dem freien Markt vermutlich erzielbaren Kaufpreises für das konkrete Objekt.

Eine Anpassung an die allgemeinen Wertverhältnisse auf dem Grundstücksmarkt erfolgt im Ertragswertverfahren durch die Anwendung des spezifischen Liegenschaftszinssatzes. Dieser spiegelt den Wert wieder, den der Markt zum Bewertungszeitpunkt dem Objekt zumisst. Er stellt die vom Markt geforderte Verzinsung des im Objekt gebundenen Kapitals, und somit das Verhältnis der Erträge zum Verkehrswert dar. Es ist daher i.d.R. keine zusätzliche Anpassung an die allgemeine Marktlage im Rahmen des Ertragswertverfahrens notwendig.

Als besondere objektspezifische Grundstücksmerkmale kommen laut §8 Abs.3 ImmoWertV insbesondere in Betracht:

- wirtschaftliche Überalterung
- überdurchschnittlicher Erhaltungszustand
- Baumängel oder Bauschäden
- von den marktüblich erzielbaren Erträgen erheblich abweichende Erträge

Baumängel oder Bauschäden

Es finden Baumängel oder Bauschäden Berücksichtigung, die nicht auf alters- o-
der nutzungsbedingtem Verschleiß beruhen. Baumängel können z. B. die Ästhetik
und Repräsentation, sowie die Nutzbarkeit von Gebäuden einschränken. Zusätzlich
können Bauschäden oder Baumängel erhöhte Instandhaltungsaufwendungen, eine
verkürzte Nutzungsdauer, erschwerte Vermietbarkeit, eine geringere Ertragskraft,
verlängerte Vermarktungszeiträume, sowie auch einen nach der vollständigen Mängelbeseitigung fortbestehenden merkantilen Minderwert zur Folge haben.[1] In der
Regel schlagen Bauschäden und Baumängel nicht mit den vollen, zu ihrer Beseiti-
gung notwendigen Aufwendungen auf den Verkehrswert durch, sondern finden nur
mit einem Anteil Berücksichtigung. So kann der am Markt erzielbare Kaufpreis für
ein mängelbehaftetes Objekt durchaus höher sein, als der Wert des Objektes nach
Mängelbeseitigung unter Abzug der dafür benötigten Aufwendungen.[2]

Von den marktüblich erzielbaren Erträgen erheblich abweichende Erträge

Entspricht die tatsächlich erzielte Miete des Bewertungsobjekts nicht den marktüblich erzielbaren Erträgen, so ist diese Abweichung nach §8 Abs.2 Nr.2
ImmoWertV zu berücksichtigen. Es ist hier eine Abweichung nach oben, sogenannte
Overrented-Objekte, wie auch nach unten, Underrented-Objekte, möglich. Mehr-
oder Mindererträge können z. B. aufgrund bestehender vertraglicher Vereinbarungen
entstehen. Hier kann eine für die momentane Situation günstige oder ungünstige
Vereinbarung vorliegen. Zudem ist es möglich, dass notwendige Mietanpassungen
aufgrund vertraglicher oder gesetzlicher Regelungen nicht, oder nicht sofort vorgenommen werden können. Dies ist zum Beispiel im wohnwirtschaftlichen Bereich bei
Mieterhöhungen der Fall. Hier ist aufgrund gesetzlicher Regelungen nur eine be-
grenzte Erhöhung der Miete pro Jahr möglich. Bei größeren Differenzen zur marktüblichen Miete kann die Anpassung nur über einen längeren Zeitraum erfolgen und

---

[1] Vgl. Gehri, Clemens / Munk, Andreas, Immobilien: Steuern und Wertermittlung,
Köln 2010, S. 180.

[2] Vgl. Gehri, Clemens / Munk, Andreas, Immobilien: Steuern und Wertermittlung,
Köln 2010, S.179.

die dadurch schlechtere Ertragslage besteht bis zur Beendigung der Anpassung fort. Auch kann eine schlechte Ertragslage in Leerständen oder in einer ungünstigen Nutzung des Objekts begründet sein.

Abweichungen

Die Immobilienwertermittlungsverordnung kennt drei Varianten des Ertragswertverfahrens, die jedoch bei Anwendung identischer Eingangsdaten alle auf das gleiche Ergebnis führen. Der wesentliche Vorteil dieser drei Verfahrensvarianten liegt in der besseren Darstellbarkeit der Ergebnisse für unterschiedliche Fallkonstellationen. Dagegen ist im Bewertungsgesetz für die steuerliche Bedarfsbewertung nur ein Verfahren vorgesehen, welches im Aufbau dem allgemeinen Ertragswertverfahren nach §17 Abs.2 Nr.1 ImmoWertV gleicht und somit grundsätzlich auf ein identisches Ergebnis führt. Ein wesentlicher Unterschied liegt jedoch in der laut §8 Abs.2 ImmoWertV vorgesehenen objektspezifischen Marktanpassung, welche sich in die Anpassung an die allgemeinen Wertverhältnisse auf dem Grundstücksmarkt, die Berücksichtigung besonderer objektspezifischer Grundstücksmerkmale und sonstige noch nicht berücksichtigten wertbeeinflussenden Umstände aufgliedert. Da die Anpassung an die allgemeinen Wertverhältnisse auf dem Grundstücksmarkt im Ertragswertverfahren durch die Anwendung eines spezifischen Liegenschaftszinssatzes erfolgt, ist diese Anpassung auch im Ertragswertverfahren des Bewertungsgesetzes vorgesehen, da hier laut §188 Abs.2 BewG der vom Gutachterausschuss im Sinne der §§192 ff. des Baugesetzbuches ermittelte örtliche Liegenschaftszinssatz zur Anwendung kommt, welcher auch im Ertragswertverfahren nach ImmoWertV Verwendung finden würde. Besondere objektspezifische Grundstücksmerkmale und sonstige wertbeeinflussende Umstände finden im Rahmen des Ertragswertverfahrens nach Steuerrecht keinen gesonderten Einfluss, sofern sie nicht über die einzelnen Wertansätze innerhalb des Verfahrens auf das Ergebnis wirken.

3.4.2 Abweichungen bei den Wertansätzen

Rohertrag (RO)

Rohertrag nach dem Bewertungsgesetz (§186 BewG)

Nach §186 BewG ist der Rohertrag das Entgelt, welches vertraglich für die Nutzung des Grundstücks für den Zeitraum von zwölf Monaten am Bewertungsstichtag vereinbart ist. Umlagen, die zur Deckung von Betriebskosten bezahlt werden, werden nicht mit eingerechnet. Nach Abschnitt 14 AEBewGrV handelt es sich bei dem Entgelt um eine Sollmiete. Auf die tatsächlich bezahlte Miete kommt es nicht an. Das bedeutet, dass auch bei einem Mietausfall die volle Miete zum Ansatz kommt. Zum Rohertrag gehören nach Abschnitt 14 Abs.1 AEBewGrV auch:

- Mieteinnahmen für Stellplätze
- Mieteinnahmen für Nebengebäude wie z. B. Garagen
- Untermietzuschläge
- Vergütungen für außergewöhnliche Nebenleistungen des Vermieters, die nicht die Raumnutzung betreffen, aber neben den Räumen aufgrund des Mietvertrages gewährt werden (z. B. Reklamenutzung)
- Vergütungen für Nebenleistungen, die zwar die Raumnutzung betreffen, jedoch nur einzelnen Mietern zugute kommen (z. B. zusätzliche Mieteinnahmen für die Verkabelung des Gebäudes zwecks Datenfernübertragung, für den Einbau einer Klimaanlage oder für die Nutzung eines Schwimmbads)
- Baukostenzuschüsse und Mietvorauszahlungen, soweit sie auf die Miete anzurechnen sind
- Zahlungen des Mieters an Dritte für den Eigentümer, soweit es sich nicht um Betriebskosten im Sinne des §27 der II. BV oder §2 der Betriebskostenverordnung (BetrKV) handelt (z. B. Erschließungskosten)
- Leistungen des Mieters, die nicht in Geld bestehen, soweit sie nicht gleichzeitig als Betriebskosten zu berücksichtigen wären (z. B. die Übernahme der Grundstücksverwaltung)

Laut Abschnitt 14 Abs.1 AEBewGrV zählen folgende Entgelte nicht zum Rohertrag:

- Umlagen, die zur Deckung der Betriebskosten gezahlt werden
- Einnahmen für die Überlassung von Maschinen und Betriebsvorrichtungen
- Einnahmen für die Überlassung von Einrichtungsgegenständen (z. B. bei möblierten
  Wohnungen (Ferienwohnungen, Studentenwohnheimen)
- Dienstleistungen, die nicht die Grundstücksnutzung betreffen (Reinigungsdienste)
- Zuzahlungen Dritter außerhalb des Mietverhältnisses (z. B. bei Bauherrengemein-
  schaften Zahlungen des Mietgarantiegebers)
- Aufwendungszuschüsse im öffentlich geförderten Wohnungsbau
- die Umsatzsteuer

Nach §186 Abs.2 BewG ist für Grundstücke und Grundstücksteile die eigengenutzt, ungenutzt, zu vorübergehendem Gebrauch oder unentgeltlich überlassen sind
die übliche Miete anzusetzen. Als ungenutzt gelten dabei Räume für die kein Miet-
vertragsverhältnis vorliegt und die leer stehen. Unter vorübergehenden Gebrauch
fallen Vermietungen, die in ihrer Dauer typischerweise unter zwölf Monaten liegen
wie z. B bei Ferienwohnungen. Die übliche Miete ist auch anzusetzen, wenn der
Eigentümer dem Mieter das Grundstück oder Grundstücksteil zu einer, um mehr als
20% von der üblichen Miete abweichenden tatsächlichen Miete überlassen hat. Die
Abweichung ist nach oben oder unten möglich und der Grund für die Abweichung ist
unerheblich. Als übliche Miete gilt laut §186 Abs.2 S.2 BewG die Miete, die für
Räume gleicher oder ähnlicher Art, Lage und Ausstattung regelmäßig gezahlt wird.
Nach Abschnitt 17 Abs.3 AEBewGrV ist mit „Ausstattung" nicht der bauliche Zustand des Gebäudes gemeint, sondern die Merkmale, welche die Höhe der Miete
eines Gebäudes bestimmen, wie z. B. Sanitärausstattung oder Heizungsinstallation.
Die übliche Miete kann laut Abschnitt 18 AEBewGrV auf folgende Arten ermittelt
werden:

- Ableitung aus Vergleichsmieten
- Ableitung aus Mietspiegeln (§§558c,558d BGB)
- Schätzung mit Hilfe einer Mietdatenbank(§558e BGB)
- Mietgutachten durch einen Sachverständigen

Das Mietgutachten stellt den einzigen möglichen Punkt im Rahmen des Ertrags-wertverfahrens nach §184 BewG dar; bei dem ein Einzelnachweis möglich ist. Kor-rekturen aller anderen Punkte sind nur außerhalb der Systematik des steuerlichen Bewertungsverfahrens, im Rahmen eines Nachweises des niedrigeren gemeinen Werts nach §198 BewG möglich.

Rohertrag nach ImmoWertV

Nach §18 Abs.2 ImmoWertV ergibt sich der Rohertrag aus den bei ordnungsge-mäßer Bewirtschaftung und zulässiger Nutzung marktüblich erzielbaren Erträgen. Bei Anwendung des Ertragswertverfahrens auf der Grundlage periodisch unter-schiedlicher Erträge nach §17 Abs.3 ImmoWertV ergibt sich der Rohertrag nach §18 Abs.2 S.2 ImmoWertV, insbesondere aus den vertraglichen Vereinbarungen. Laut Absch.3.5.1 WertR 2006 umfasst der Rohertrag alle bei ordnungsgemäßer Bewirt-schaftung nachhaltig erzielbaren Einnahmen aus dem Grundstück. Anstelle von Mieten können auch orts- oder branchenübliche Pachten gegebenenfalls in Verbin-dung mit Umsätzen herangezogen werden. Für vorübergehend leer stehende, eigen-genutzte oder aus persönlichen oder wirtschaftlichen Gründen billiger vermieteten Räumen ist die ortsübliche, nachhaltig erzielbare Miete anzusetzen. Umlagen, die zur Deckung von Betriebskosten bezahlt werden sind nicht zu berücksichtigen. Für vorübergehend leerstehende, eigen genutzte oder aus persönlichen oder wirtschaftli-chen Gründen billiger vermietete Räume ist die ortsüblich nachhaltig erzielbare Miete anzusetzen.

Die tatsächlich erzielte Miete des Bewertungsobjekts ist auf ihre Marktüblichkeit zu prüfen. Als marktüblich sind Erträge zu verstehen, die für vergleichbare Objekte am Bewertungsstichtag auch tatsächlich durchschnittlich erzielt werden.[1]. Weichen die tatsächlich erwirtschafteten Erträge von den marktüblichen Erträgen in nicht unerheblicher Höhe ab, ist der Wert dieser Abweichung im Rahmen der objektspezi-fischen Wertanpassung nach §8 Abs.2 Nr. ImmoWertV gesondert zu berücksichti-gen. Diese Abweichungen führen dann auf ein Overrented- oder Underrented-Objekt.

---

[1] Spengnetter, Hans Otto / Kierig, Jochem: ImmoWertV: das neue Wertermittlungsrecht, Kommentar zur Immobilienwertermittlungsverordnung, Sinzig 2010, S. 154.

Abweichungen

Im Rahmen des Ertragswertverfahrens nach dem Bewertungsgesetz fließt als Rohertrag der am Bewertungsstichtag vertraglich festgelegte Ist-Zustand über die gesamte Restnutzungsdauer des Objekts in das Bewertungsverfahren ein. Die Nachhaltigkeit dieser Erträge d.h. die Dauer über die diese Erträge auch tatsächlich realisierbar sind findet keine Berücksichtigung. Auch findet bei vertraglich vereinbarten Entgelten nur eine eingeschränkte Überprüfung der Ortsüblichkeit statt. Das heißt; nur wenn die vertraglich vereinbarte Miete um mehr als 20% von der ortsüblichen Miete abweicht findet dies Berücksichtigung indem in diesem Fall die ortsübliche Miete anzusetzen ist. Dies führt dazu, dass je nach Art der Abweichung der Ertragswert nach den Vorschriften des Bewertungsgesetzes vom Ertragswert nach der ImmoWertV in verschiedene Richtungen abweicht. Hier sind verschiedene Konstellationen möglich:

Abweichung größer als 20%:

- Fall 1: die tatsächlich erzielte Miete liegt um mehr als 20% unter der ortsüblichen Miete.
- Fall 2: die tatsächlich erzielte Miete liegt um mehr als 20% über der ortsüblichen Miete.

Abweichung kleiner als 20%:

- Fall 3: die tatsächlich erzielte Miete weicht um weniger als 20% von der ortsüblichen Miete nach oben oder unten ab.

Zu Fall 1: die tatsächlich erzielte Miete liegt um mehr als 20% unter der ortsüblichen Miete – Underrented-Objekt

Ansatz nach dem Bewertungsgesetz:

§186 Abs.2 Nr.2 BewG:

Ansatz der ortsüblichen Miete über die gesamte Restnutzungsdauer des Grundstücks.

Ansatz nach der Immobilienwertermittlungsverordnung:

§18 Abs.2 ImmoWertV:
Ansatz der marktüblich erzielbaren Erträge über die gesamte Restnutzungsdauer des Grundstücks. Ausnahme: Ertragswertverfahren auf der Grundlage periodisch unterschiedlicher Erträge.

Objektspezifische Wertkorrektur nach §8 Abs.2 Nr.2 ImmoWertV:

Separater Ansatz des Minderertrags über den Zeitraum seines Bestehens, sofern er nicht bereits im Rahmen des Ertragswertverfahrens auf der Grundlage periodisch unterschiedlicher Erträge Eingang in die Berechnung gefunden hat.

Auswirkung auf den Ertragswert:

Der Ertragswert nach dem Bewertungsgesetz weicht nach oben um den Barwert der Differenz der tatsächlich erwirtschafteten Miete zur üblichen Miete über den Zeitraum, in dem die Abweichung gesichert vorliegt vom Ertragswert nach der ImmoWertV ab.

RO BewG > RO ImmoWertV

Ansatz Rohertrag nach dem Bewertungsgesetz

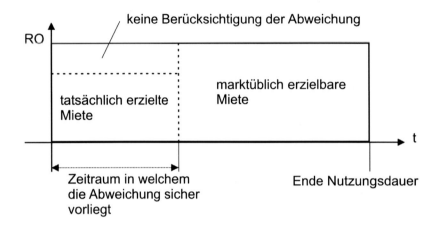

Ansatz Rohertrag nach der ImmoWertV

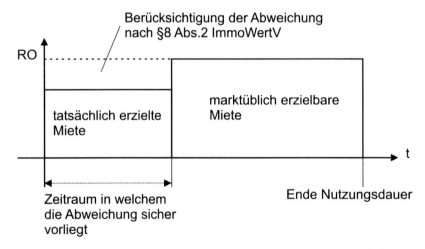

Abbildung 6: Unterschiedlicher Ansatz des Rohertrages, wenn die tatsächlich erzielte Miete um mehr als 20% unter der ortsüblichen Miete liegt

Zu Fall 2: die tatsächliche erzielte Miete liegt um mehr als 20% über der ortsüblichen Miete – Overrented-Objekt

Ansatz nach dem Bewertungsgesetz:

§186 Abs.2 Nr.2 BewG:

Ansatz der ortsüblichen Miete über die gesamte Restnutzungsdauer des Grundstücks.

Ansatz nach der Immobilienwertermittlungsverordnung

§18 Abs.2 ImmoWertV:

Ansatz der marktüblich erzielbaren Erträge über die gesamte Restnutzungsdauer des Grundstücks. Ausnahme: Ertragswertverfahren auf der Grundlage periodisch unterschiedlicher Erträge.

Objektspezifische Wertkorrektur nach§8 Abs.2 Nr.2 ImmoWertV:

Separater Ansatz des Mehrertrags über den Zeitraum seines Bestehens, sofern er nicht bereits im Rahmen des Ertragswertverfahrens auf der Grundlage periodisch unterschiedlicher Erträge Eingang in die Berechnung gefunden hat.

Auswirkung auf den Ertragswert:

Der Ertragswert nach dem Bewertungsgesetz weicht nach unten um den Barwert der Differenz der tatsächlich erwirtschafteten Miete zur üblichen Miete über den Zeitraum, in dem die Abweichung gesichert vorliegt vom Ertragswert nach der ImmoWertV ab.

RO BewG < RO ImmoWertV

Ansatz Rohertrag nach dem Bewertungsgesetz

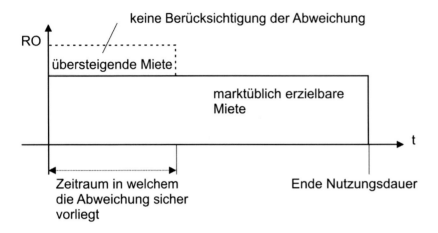

Ansatz Rohertrag nach der ImmoWertV

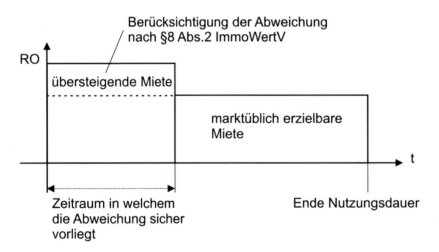

Abbildung 7: Unterschiedlicher Ansatz des Rohertrages wenn die tatsächlich erzielte Miete um mehr als 20% über der ortsüblichen Miete liegt

Zu Fall 3: die tatsächliche Miete weicht um weniger als 20% von der ortsüblichen Miete nach oben oder unten ab.

Ansatz nach dem Bewertungsgesetz:

§188 Abs.2 Nr.2 BewG

Ansatz der vertraglich vereinbarten Miete über die gesamte Restnutzungsdauer des Grundstücks.

Ansatz nach der Immobilienwertermittlungsverordnung:
§18 ImmoWertV:

Ansatz der marktüblich erzielbaren Erträge über die gesamte Restnutzungsdauer des Grundstücks. Ausnahme: Ertragswertverfahren auf der Grundlage periodisch unterschiedlicher Erträge.

Objektspezifische Wertkorrektur nach §8 Abs.2 Nr.2 ImmoWertV:

Separater Ansatz des Mehr- bzw. Minderertrags, soweit dieser als erheblich einzustufen ist, über den Zeitraum seines Bestehens, sofern er nicht bereits im Rahmen des Ertragswertverfahrens auf der Grundlage periodisch unterschiedlicher Erträge Eingang in die Berechnung gefunden hat.

Auswirkung auf den Ertragswert:

Der Ertragswert nach dem Bewertungsgesetz weicht bei einer höheren tatsächlichen Miete nach oben, bei einer geringeren Miete nach unten um den Barwert der Differenz der tatsächlich erwirtschafteten Miete zur üblichen Miete über den Zeitraum nach Beendigung der Abweichung vom Ertragswert nach der ImmoWertV ab.

a. RO BewG < RO ImmoWertV
b. RO BewG > RO ImmoWertV

a. die tatsächlich erzielte Miete weicht um weniger als 20% nach unten von der ortsüblichen Miete ab.

Ansatz Rohertrag nach dem Bewertungsgesetz

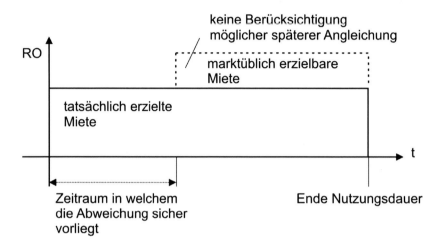

Ansatz Rohertrag nach der ImmoWertV

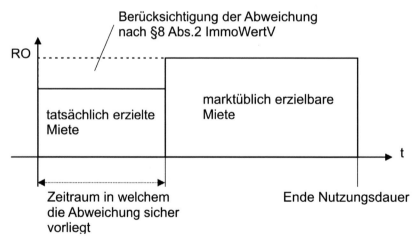

Abbildung 8: Unterschiedlicher Ansatz des Rohertrages wenn die tatsächlich erzielte Miete um weniger als 20% unter der ortsüblichen Miete liegt

b. die tatsächlich erzielte Miete weicht um weniger als 20% nach oben von der ortsüblichen Miete ab.

Ansatz Rohertrag nach dem Bewertungsgesetz

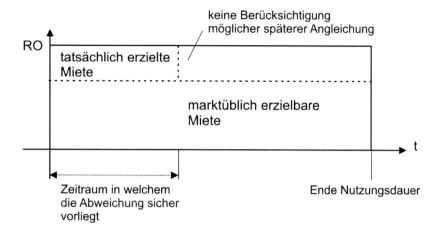

Ansatz Rohertrag nach der ImmoWertV

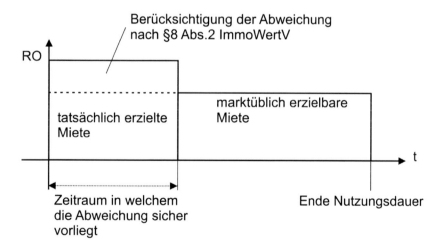

Abbildung 9: Unterschiedlicher Ansatz des Rohertrages wenn die tatsächliche erzielte Miete um weniger als 20% über der ortsüblichen Miete liegt

Diese Abweichungen im Ergebnis der beiden Verfahren entstehen, da im Ertragswertverfahren nach dem Bewertungsgesetz eine Kapitalisierung des jeweils nach §186 BewG anzusetzenden Rohertrages über die gesamte Restnutzungsdauer des Gebäudes erfolgt. Im Rahmen des Ertragswertverfahrens nach der ImmoWertV erfolgt ein Ansatz von Erträgen, die von den marktüblichen Erträgen abweichen, immer nur über den Zeitraum, für den diese Abweichungen z. B. aufgrund vertraglicher Vereinbarungen als gesichert angesehen werden können.

Laut Abschnitt 14 Abs.1 AEBewGrV handelt es sich bei dem Entgelt um eine Sollmiete. Auf die im Einzelfall tatsächlich gezahlte Miete kommt es nicht an. Mietausfälle werden bei der Festlegung des maßgeblichen Rohertrags also nicht berücksichtigt. Es wird die vertraglich vereinbarte Miete herangezogen. Solche Mietausfälle werden nach §8 Abs.2 Nr.2 ImmoWertV im Rahmen objektspezifischer Wertkorrekturen bzw. direkt innerhalb des Verfahrens, bei Anwendung des Ertragswertverfahrens auf der Grundlage periodisch unterschiedlicher Erträge berücksichtigt, sofern der Ausfall mit hinreichender Sicherheit vorliegt.

Bewirtschaftungskosten (BE)

Bewirtschaftungskosten nach dem Bewertungsgesetz

Nach §187 BewG handelt es sich bei den Bewirtschaftungskosten um bei gewöhnlicher Bewirtschaftung nachhaltig entstehende Aufwendungen in Form von:

- Verwaltungskosten
- Instandhaltungskosten
- Mietausfallwagnis
- Betriebskosten

Betriebskosten, welche durch Umlagen gedeckt werden, bleiben dabei unberücksichtigt. Daher bleiben laut Abschnitt 15 Abs.1 AEBewGrV die als Umlage gezahlten Betriebskosten im Sinne des §27 der Verordnung über wohnwirtschaftliche Berechnungen nach dem zweiten Wohnungsbaugesetz (Zweite Berechnungsverordnung – II.BV) bzw. §2 der Verordnung über die Aufstellung von Betriebskosten (Betriebskostenverordnung – BetrKV), die im wohnwirtschaftlichen Bereich auf den Mieter umgelegt werden können, bei der Ermittlung des Rohertrages außer Ansatz.

Sind die Betriebskosten ganz oder teilweise in der vereinbarten Miete enthalten, sind sie laut Abschnitt 15 der gleich lautenden Ländererlasse vom 05.05.2009 aus der Gesamtsumme herauszurechnen. Werden die Betriebskosten pauschal erhoben und mit dem Mieter nicht genau abgerechnet sind sie im Entgelt zu erfassen. Die tatsächlich angefallenen Betriebskosten sind dann abzuziehen.

Ebenfalls außer Ansatz bleiben Zinsen für Hypothekendarlehen, Grundschulden oder sonstige Zahlungen die privater Natur sind. Laut §187 Abs.2 BewG sind die Bewirtschaftungskosten nach vom örtlichen Gutachterausschuss vorgegebenen Erfahrungssätzen anzusetzen. Liegen keine solchen Erfahrungssätze vor, erfolgt der Ansatz über die pauschalierten Bewirtschaftungskosten nach Anlage 23 BewG. Diese bestimmen sich nach der Grundstücksart und der jeweiligen Restnutzungsdauer des Objekts, wobei die Regelung zur Mindestrestnutzungsdauer nach §185 Abs.2 S.5 BewG, nach welcher die Restnutzungsdauer eines noch nutzbaren Gebäudes noch mindestens 30% seiner wirtschaftlichen Gesamtnutzungsdauer beträgt, zur Anwendung kommt. Ein Einzelnachweis zur Darlegung höherer Bewirtschaftungskosten für das konkrete Bewertungsobjekt ist nicht möglich. Dies kann nur im Rahmen eines Nachweises des niedrigeren gemeinen Werts für die gesamte wirtschaftliche Einheit nach §198 BewG erfolgen.

Bewirtschaftungskosten nach ImmoWertV

Nach §19 Abs.1 ImmoWertV handelt es sich bei den Bewirtschaftungskosten um Aufwendungen, die für die ordnungsgemäße Bewirtschaftung und zulässige Nutzung marktüblich jährlich entstehen. Aufwendungen, die durch Umlagen oder sonstige Kostenübernahmen gedeckt sind, sind nicht zu berücksichtigen. Berücksichtigungsfähige Bewirtschaftungskosten sind nach §19 Abs.2 ImmoWertV:

- Verwaltungskosten
- Instandhaltungskosten
- Mietausfallwagnis
- Betriebskosten

Verwaltungskosten:

Nach Nr. 3.5.2.3 WertR 2006 fallen unter den Begriff Verwaltungskosten alle für die Verwaltung des Grundstücks erforderlichen Arbeitskräfte und Einrichtungen, die Kosten der Aufsicht, Steuerberaterkosten und Kosten der Prüfung des Jahresabschlusses, sowie der Wert der vom Vermieter persönlich geleisteten Verwaltungsarbeit. Als Anhaltspunkt für die Höhe der Verwaltungskosten kann Anlage 3 der WertR 2006 herangezogen werden. Erfahrungsgemäß liegen die Verwaltungskosten in Abhängigkeit von den örtlichen Gegebenheiten und der Art des jeweiligen Grundstücks innerhalb einer Spanne von 3 - 10% des Jahresrohertrags.[1]

Instandhaltungskosten:

Unter Instandhaltungskosten fallen laut §19 Abs.2 Nr.1 ImmoWertV Aufwendungen, die aufgrund Abnutzung oder Alterung des Objekts entstehen, um das der Wertermittlung zugrunde gelegte Ertragsniveau über die Restnutzungsdauer zu erhalten. Laut Nr 3.5.2.4 WertR 2006 umfassen die Instandhaltungskosten sowohl die Aufwendungen für die laufende Unterhaltung (Instandhaltung), als auch Aufwendungen für die Erneuerung einzelner Bauteile (Instandsetzung). Von den Instandhaltungskosten sind Modernisierungskosten zu unterscheiden. Unter Modernisierung sind Maßnahmen zu verstehen, die zu einer nachhaltigen Verbesserung des Objekts in Bezug auf Wohn- bzw. Nutzwert oder Energieeinsparungen führen.

Der Ansatz der Instandhaltungskosten erfolgt mit einem durchschnittlichen Wert über die Restnutzungsdauer. Dadurch, dass Instandhaltungskosten über die Gesamtnutzungsdauer eines Objekts in unregelmäßiger Höhe anfallen, würde eine Ableitung aus Vergangenheitswerten zu einem falschen Wertansatz führen. Laut Nr. 3.5.2.4 WertR 2006 können die Instandhaltungskosten mit Hilfe von Erfahrungssätzen je qm der Geschoss- bzw. Wohn- oder Nutzfläche geschätzt werden. Richtwerte für die anzusetzende Höhe der Instandhaltungskosten ergeben sich in Abhängigkeit vom Alter der baulichen Anlagen aus Anlage 3 WertR 2006.

Mietausfallwagnis:

Laut §19 Abs.2 Nr.3 ImmoWertV umfasst das Mietausfallwagnis das Risiko von Ertragsminderungen, die durch uneinbringliche Rückstände von Mieten, Pachten und

---

[1] Vgl. Gehri, Clemens / Munk, Andreas, Immobilien: Steuern und Wertermittlung, Köln 2010, S.155.

sonstigen Einnahmen aus dem Grundstück oder aus vorübergehendem Leerstand von Räumen, die zur Vermietung, Verpachtung oder sonstigen Nutzung bestimmt sind, entstehen. Zusätzlich ist mit dem Mietausfallwagnis auch das Risiko einer Rechtsverfolgung auf Zahlung, Aufhebung des Mietverhältnisses oder Räumung abgedeckt. Laut Nr. 3.5.2.5 WertR 2006 ist die Höhe des Mietausfallwagnisses abhängig vom Zustand und Art des Grundstücks, sowie von der örtlichen Marktlage.

Anhaltspunkte für die Höhe des anzusetzenden Mietausfallwagnisses ergibt sich aus Anlage 3 WertR 2006.

- 2% der Nettokaltmiete bei Mietwohn- und gemischt genutzten Grundstücken
- 4% der Nettokaltmiete bei Geschäftsgrundstücken

Nach Nr. 3.5.2.5 WertR können sich auf sektoralen oder regionalen Teilmärkten deutlich höhere Werte ergeben, die einen höheren Wertansatz rechtfertigen. Der Wertansatz für das Mietausfallwagnis sollte jedoch nicht mehr als 10 - 15% der Nettokaltmiete betragen.[1] Ein, nur über einen begrenzten Zeitraum vorliegendes erhöhtes Mietausfallwagnis muss gesondert berücksichtigt werden, da sonst eine Kapitalisierung des temporär erhöhten Ansatzes über die gesamte Restnutzungsdauer des Objekts erfolgen und so zu einer Verfälschung des Ertragswertes führen würde.

Betriebskosten:

Nach Nr. 3.5.2.2 WertR 2006 handelt es sich bei Betriebskosten um Aufwendungen, die durch das Eigentum am Grundstück oder durch den bestimmungsgemäßen Gebrauch des Grundstücks, sowie seiner baulichen und sonstigen Anlagen laufend entstehen. Im wohnwirtschaftlichen Bereich erfolgt in der Regel eine Umlegung der Betriebskosten auf den Mieter. Die umlegbaren Betriebskosten für Wohnraum sind in §2 BetrKV aufgeführt. Im Falle einer Umlegung auf den Mieter kommen die Betriebskosten nicht zum Ansatz. Im gewerblichen Bereich ist eine vollständige Umlegung der Betriebskosten auf den Mieter jedoch nicht immer möglich, so dass hier ein pauschaler Ansatz der Betriebskosten vorzunehmen ist.

---

[1] Vgl. Gehri, Clemens / Munk, Andreas, Immobilien: Steuern und Wertermittlung, Köln 2010, S.157.

Abweichungen

Nach §187 Abs.2 BewG sind die Bewirtschaftungskosten im Rahmen der Bedarfsbewertung von Grundstücken nach vom örtlichen Gutachterausschuss vorgegebenen Erfahrungssätzen anzusetzen. Stehen solche Erfahrungssätze nicht zur Verfügung ist von den pauschalierten Bewirtschaftungskosten nach Anlage 23 auszugehen.

Bisher wurden solche Erfahrungssätze durch die Gutachterausschüsse in der Regel nicht ermittelt, so dass anzunehmen ist, dass in den allermeisten Fällen die pauschalen Bewirtschaftungskosten nach Anlage 23 Verwendung finden werden. Diese
kommen in Abhängigkeit von der jeweiligen Grundstücksart und der Restnutzungsdauer zum Ansatz. Es findet keine Berücksichtigung der individuellen Eigenschaften
des Bewertungsobjekts statt. Auch örtliche oder sektorale Besonderheiten, welche im
Einzelfall einen höheren Ansatz der Bewirtschaftungskosten rechtfertigen würden
finden keine Berücksichtigung. Zusätzlich ist bei der Bestimmung des Ansatzes der
Bewirtschaftungskosten laut Abschnitt 19 Abs.2 AEBewGrV die Mindestrestnutzungsdauer nach §185 Abs.3 S.5 BewG zu beachten. Danach beträgt die Mindestrestnutzungsdauer eines noch nutzbaren Gebäudes mindestens 30% seiner Gesamtnutzungsdauer. Dies führt dazu, dass die pauschalierten Bewirtschaftungskosten in
Höhe von 29% der Jahresmiete bzw. üblichen Miete bei einem Mietwohngrundstück
gar nicht zum Ansatz kommen können, da die Gesamtnutzungsdauer eines Miet-
wohngrundstücks laut Anlage 22 BewG 80 Jahre beträgt und die daraus, aufgrund
der Mindestrestnutzungsdauer von 30% der Gesamtnutzungsdauer resultierenden
Mindestrestnutzungsdauer 24 Jahre beträgt. Dies gilt ebenso für gemischt genutzte
Grundstücke. Deren Mindestrestnutzungsdauer von 30% der Gesamtnutzungsdauer
von 70 Jahren laut Anlage 22 mindestens 21 Jahre beträgt. Auch hier kommen die
pauschalen Bewirtschaftungskosten in Höhe von 26% der Jahresmiete oder üblichen
Miete nicht zum Ansatz.[1]

Dies kann zu einem deutlich zu niedrigeren Ansatz der Bewirtschaftungskosten
führen, was wiederum einen zu hohen Ansatz des Reinertrags (RE) zur Folge hat.
Durch die Kapitalisierung dieses zu hohen Werts über die gesamte Restnutzungsdauer ergibt sich damit ein zu hoher Ertragswert des Grundstücks. Zudem ist es nicht

---

[1] Vgl. Grootens, Mathias / Krause, Ingo: Die neue Grundbesitzbewertung nach dem ErbStRG,
in: NWB-EV Nr.7 vom 1.7.2009,S. 239 ff. , S.11.

möglich höhere Bewirtschaftungskosten für das spezifische Bewertungsobjekt nachzuweisen. Dies ist nur im Rahmen eines Nachweises des niedrigeren gemeinen Werts nach §198 BewG für die gesamte wirtschaftliche Einheit möglich.

Demgegenüber werden die einzelnen Kostengruppen im Rahmen der Ermittlung der Bewirtschaftungskosten nach der ImmoWertV einzeln angesetzt. Dadurch können individuelle Eigenschaften des Bewertungsobjekts im Rahmen des Wertansatzes berücksichtigt werden. Auch hier wird überwiegend mit pauschalen Ansätzen gearbeitet. Diese können jedoch an regionale, sektorale oder objektspezifische Gegebenheiten angepasst werden, so dass eine möglichst genaue Annäherung an die vermutlich tatsächlich anfallenden Kosten erreicht werden kann.

Liegenschaftszinssatz (p)

Liegenschaftszinssatz nach dem Bewertungsgesetz

Laut §188 Abs.1 BewG ist der Liegenschaftszinssatz als der Zinssatz definiert, mit dem der Verkehrswert von Grundstücken im Durchschnitt marktüblich verzinst wird. Nach §188 Abs.2 BewG sind vorrangig die vom örtlichen Gutachterausschuss im Sinne des §192 ff. BauGB ermittelten örtlichen Liegenschaftszinssätze anzuwenden. Wurden vom Gutachterausschuss die Liegenschaftszinssätze nur in Wertspannen veröffentlicht, ist laut Abschn. 22 AEBewGrV der für das spezifische Bewertungsobjekt anzuwendende Liegenschaftszinssatz beim örtlich zuständigen Gutachterausschuss zu erfragen. Falls durch den Gutachterausschuss keine geeigneten Liegenschaftszinssätze zur Verfügung gestellt werden, kommen die in Abhängigkeit von der Grundstücksart in §188 Abs.2 BewG aufgeführten pauschalen Liegenschaftszinssätze zur Anwendung.

Liegenschaftszinssatz nach der ImmowertV

Nach Nr. 3.5.4 WertR 2006 ist der anzusetzende Liegenschaftszinssatz nach der Art des Grundstücks und der jeweiligen Lage auf dem Grundstücksmarkt zu bestimmen. Es soll vorrangig auf den vom örtlichen Gutachterausschuss ermittelten und veröffentlichten Liegenschaftszinssatz zurückgegriffen werden. Ist für das zu bewertende Grundstück kein geeigneter Liegenschaftszinssatz feststellbar, so kann auch auf Liegenschaftszinssätze aus vergleichbaren Gebieten zurückgegriffen werden. Diese Gebiete können durchaus auch in einem anderen Gemeindebezirk liegen.

Abweichungen

In beiden Verfahren soll vorrangig auf den vom örtlichen Gutachterausschuss vorgegebenen Liegenschaftszinssatz zurückgegriffen werden. Daher ergeben sich bei vorliegen eines solchen grundsätzlich keine Abweichungen zwischen den beiden Verfahren, da der gleiche Zinssatz zur Anwendung kommt.

Liegt jedoch ein solcher Liegenschaftszinssatz nicht vor, sind in §188 Abs.2 BewG Liegenschaftszinssätze, unterteilt nach den verschiedenen Grundstücksarten, vorgegeben. Hierbei handelt es sich um pauschalierte Zinssätze die u. U. die örtlich und zeitlich vorherrschenden Wertverhältnisse auf dem Grundstücksmarkt nur unzureichend wiederspiegeln und so auf ein vom tatsächlichen Verkehrswert abweichendes Ergebnis führen können. Demgegenüber kann im Rahmen der Wertermittlung nach ImmoWertV bei Fehlen der vom Gutachterausschuss ermittelten Liegenschaftszinssätze z. B. auf Zinssätze aus Fachveröffentlichungen zurückgegriffen werden, welche noch an die lokalen Marktverhältnisse angepasst werden sollen.[1] Auch ist nach Nr.3.5.4 WertR 2006 eine Ableitung von vorliegenden Zinssätzen aus vergleichbaren Gebieten möglich.

Bodenwert (BW)

Ansatz des Bodenwerts nach dem Bewertungsgesetz

Als Bodenwert ist nach §184 Abs.2 BewG der Wert des unbebauten Grundstücks nach den Vorschriften des §179 BewG anzusetzen. Der Bodenwert wird über die Anwendung der Bodenrichtwerte bestimmt. Auf die genaue Ermittlung des Bodenwerts im Rahmen der Vorschriften über die Bewertung unbebauter Grundstücke nach §179 BewG und der damit verbundenen Fragestellungen soll in dieser Studie nicht weiter eingegangen werden.

---

[1] Vgl. Gehri, Clemens / Munk, Andreas, Immobilien: Steuern und Wertermittlung, Köln 2010, S.159.

Sonderfälle

Selbständig nutzbare Teilflächen

In Fällen, in denen das Grundstück wesentlich größer ist als es einer den aufstehenden Gebäuden angemessenen Nutzung entspricht und eine selbstständige Nutzung oder Verwertung dieser Teilfläche möglich ist, ist laut §185 Abs.2 S.3 BewG die Mehrfläche bei der Verzinsung des Bodenwerts nicht zu berücksichtigen. Diese Regelung gilt in den Fällen, in denen es sich bei dem Grundstück um eine wirtschaftliche Einheit handelt. Für die Verzinsung ist jeweils nur die zurechenbare Grundstücksfläche zu berücksichtigen. Nach Abschn. 20 Abs.3 AEBewGrV setzt sich diese jeweils aus der überbauten Fläche und der Umgriffsfläche zusammen. Es ist dabei unerheblich, ob die Mehrfläche baulich nutzbar ist. Es ist jede sinnvolle Nutzung der Teilfläche zum Beispiel als Abstellfläche oder Lagerplatz zu berücksichtigen. Die Teilfläche muss hierzu eine ausreichende Größe besitzen und so gestaltet sein, dass eine Nutzung auch tatsächlich möglich ist. Für den Bodenwert ist jedoch die gesamte Grundstücksfläche anzusetzen. Es kann daher nötig sein zwei unterschiedliche Bodenwerte in die Berechnung einfließen zu lassen.

Bodenwert als Mindestwert

Nach §184 Abs.3 BewG ist als Wert des Grundstücks mindestens der Bodenwert anzusetzen. Dieser Mindestwert kommt zum tragen, wenn sich nach Abzug der Bodenwertverzinsung ein negativer Gebäudereinertrag ergibt. In diesem Fall ist mindestens der Wert des unbebauten Grundstücks nach §179 BewG anzusetzen.

Ansatz des Bodenwerts nach der ImmoWertV

Laut §17 Abs.2 ImmowertV ist als Bodenwert der nach §16 ImmoWertV zu ermittelnde Wert anzusetzen. Es ist nach §16 Abs.1 ImmoWertV, mit Ausnahme der in den Abs. 2 bis 4 genannten Sachverhalte, der Wert des Grundstücks ohne Berücksichtigung der vorhandenen baulichen Anlagen anzusetzen. Der Bodenwert wird vorrangig im Wege des Vergleichswertverfahrens ermittelt. Es soll hier auf die genaue Ermittlung nicht näher eingegangen werden.

Sonderfälle

Selbstständig nutzbare Teilflächen

Nach §17 Abs.2 ImmoWertV sind bei der Ermittlung des Bodenwertverzinsungsbetrags selbständig nutzbare Teilflächen nicht zu berücksichtigen. Als selbständig nutzbare Teilfläche gilt dabei der Teil eines Grundstücks, der für die angemessene Nutzung der baulichen Anlagen nicht benötigt wird und selbständig genutzt oder verwertet werden kann. Der Verzinsung ist daher nur die für die sinnvolle Nutzung der baulichen Anlagen benötigte Teilfläche zugrunde zu legen. Als Bodenwert ist jedoch die gesamte Fläche anzusetzen bzw. beim vereinfachten Ertragswertverfahren noch die Mehrfläche zu berücksichtigen. Es ist im Falle des Vorliegens einer selbstständig nutzbaren Teilfläche daher notwendig zwei Bodenwerte in die Berechnung einfließen zu lassen.

Freilegungskosten

Nach §16 Abs.3 ImmoWertV ist der Bodenwert um die üblichen Freilegungskosten zu mindern, wenn in nächster Zeit von einer Freilegung des Grundstücks ausgegangen werden kann und die Kosten im gewöhnlichen Geschäftsverkehr berücksichtigt werden. Laut §16 Abs.3 S.2 ImmoWertV kann in zwei Fällen von einer baldigen Freilegung ausgegangen werden. Erstens, wenn die baulichen Anlagen nicht mehr nutzbar sind. Dies ist zum Beispiel bei aufstehenden Abbruchgebäuden der Fall. Zweitens, wenn der nicht abgezinste Bodenwert, ohne Berücksichtigung der Kosten der Freilegung, den Ertragswert erreicht oder sogar übersteigt. In diesem Fall ist es unter wirtschaftlichen Gesichtspunkten nicht sinnvoll das Grundstück in dieser Form weiter zu nutzen, da die Erträge nicht mehr die Verzinsung des Bodenwerts abdecken. Eine Freilegung des Grundstücks, um es einer anderen Nutzung zuzuführen, erscheint in diesem Fall unter wirtschaftlichen Gesichtspunkten als sinnvoll.

Abweichungen

Grundsätzlich erfolgt in beiden Verfahren als Bodenwert der Ansatz des Wertes des unbebauten Grundstückes. Auf die Ermittlung dieses Wertes und sich eventuell ergebender Abweichungen in der Wertermittlung soll in dieser Studie nicht näher eingegangen werden.

Im Sonderfall der selbstständig nutzbaren Teilflächen erfolgt bei beiden Verfahrensvarianten eine Aufteilung der Fläche in die für die angemessene Nutzung der baulichen Anlagen benötigten Fläche und die Mehrfläche, die selbstständig genutzt oder verwertet werden kann. In beiden Verfahren kann es daher nötig sein mit zwei verschiedenen Bodenwerten zu rechnen. Da die gleich lautenden Ländererlasse vom 05.05.2009 keine näheren Erläuterungen zu den Details beinhalten, kann es jedoch bezüglich der Abgrenzung der Flächenanteile und der Frage, wann eine Teilfläche sinnvoll genutzt oder verwertet werden kann zu Abweichungen zwischen beiden Verfahren kommen.

Eine weitere wesentliche Abweichung ergibt sich bezüglich der Vorschrift des §184 Abs.3 BewG die bestimmt, dass der Wert des unbebauten Grundstücks den Mindestwert darstellt. In diesem Punkt weicht die ImmoWertV wesentlich ab, da es hier möglich ist wertmindernde Umstände zu berücksichtigen, auch wenn dies im Ergebnis dazu führt, dass das bebaute Grundstück in seinem Wert unter den Wert des unbebauten Grundstücks fällt.

Eine wesentliche Fallkonstellation dürften dabei Freilegungskosten darstellen. Diese sind laut §16 Abs.3 ImmoWertV zwingend zu berücksichtigen, wenn mit einer baldigen Freilegung zu rechnen ist und diese Kosten im gewöhnlichen Geschäftsverkehr zum Ansatz kommen. Der Ansatz von Freilegungskosten dürfte regelmäßig dazu führen, dass der Wert des bebauten Grundstücks unter den Wert den das Grundstück im unbebauten Zustand hätte, sinkt.

Diese Mindestwertregelung nach §184 Abs.3 BewG hat auch zur Folge, dass andere wertmindernde Umstände nicht auf das Ergebnis der Ertragswertberechnung wirken können. So wirkt sich eine schlechte Ertragslage, die zum Beispiel durch niedrige Mieterträge entstehen kann, nur insoweit auf den Ertragswert aus, wie der Wert nicht unter den Wert des unbebauten Grundstücks fällt. Tatsächlich würde eine solch schlechte Ertragslage nach der ImmoWertV als wertmindernder Umstand in der Wertermittlung Berücksichtigung finden, sofern z. B. aufgrund mietrechtlicher Bindungen oder sonstiger Umstände keine Abhilfe in Form einer Umnutzung oder Liquidation des Objekts oder durch andere Maßnahmen erfolgen könnte. Dies kann dann auch dazu führen, dass der Wert des Objekts unter den Wert, den das Grundstück in einem unbebauten Zustand hätte, sinkt. Das Gebäude ist dann als Last zu sehen.

Restnutzungsdauer (n)

Ansatz der Restnutzungsdauer nach dem Bewertungsgesetz

Laut §185 Abs.3 BewG ergibt sich die Restnutzungsdauer aus der Differenz zwischen der wirtschaftlichen Gesamtnutzungsdauer nach Anlage 22 des Bewertungsgesetzes und dem Alter des Gebäudes am Bewertungsstichtag. Dabei kann nach AEBewGrV als Zeitpunkt der Bezugsfertigkeit der 1.1. des Jahres der Bezugsfertigkeit angenommen werden. Die wirtschaftliche Gesamtnutzungsdauer wird je nach Grundstücksart und Gebäudeklasse in der Anlage 22 typisierend geregelt. Wird eine Gebäudeklasse nicht aufgeführt, ist laut AEBewGrV die wirtschaftliche Gesamtnutzungsdauer aus einer vergleichbaren Gebäudeklasse abzuleiten. Dabei ist bei gemischt genutzten Grundstücken, unabhängig von der Art der gewerblichen Nutzung, zwingend von einer wirtschaftlichen Gesamtnutzungsdauer von 70 Jahren auszugehen. Bei einem Mietwohngrundstück ist von einer wirtschaftlichen Gesamtnutzungsdauer von 80 Jahren auszugehen. Bei einem Geschäftsgrundstück ist von einer wirtschaftlichen Gesamtnutzungsdauer auszugehen, die sich nach Anlage 22 aus der Nutzung ergibt, welche dem Gebäude das Gesamtgepräge verleiht.

Nach §185 Abs.3 S.4 BewG ist die wirtschaftliche Gesamtnutzungsdauer zu verlängern oder zu verkürzen, wenn nach der Bezugsfertigkeit des Gebäudes Veränderungen vorgenommen wurden, die die Gesamtnutzungsdauer des Gebäudes entsprechend verlängert oder verkürzt haben. Laut Abschnitt 23 Abs.4 AEBewGrV muss eine Modernisierung, die zu einer Verlängerung der Restnutzungsdauer führt innerhalb der letzten 10 Jahre vor dem Bewertungsstichtag durchgeführt worden sein. Zur Bestimmung der Verlängerung der Restnutzungsdauer enthält Abschnitt 23 Abs.4

AEBewGrV ein Punktesystem, nach dem die jeweils durchgeführten Modernisie-rungsmaßnahmen bewertet werden. Je nach üblicher Gesamtnutzungsdauer, Gebäu-dealter und erreichter Punktzahl kann dann aus Tabellen die neue Restnutzungsdauer entnommen werden. Eine Verkürzung der Gesamtnutzungsdauer kommt laut Ab-schnitt 23 Abs.5 AEBewGrV jedoch nur bei einer bestehenden Abbruchverpflich-tung in Betracht. Andere Gegebenheiten, wie z. B. Baumängel, Bauschäden oder eine wirtschaftliche Überalterung führen dagegen nicht zu einer Verkürzung der Restnutzungsdauer.

Auf den Sonderfall eines Grundstücks mit mehreren Gebäuden bzw. Gebäudetei-len soll hier nicht näher eingegangen werden.

Nach §185 Abs.3 S.5 BewG beträgt die Restnutzungsdauer eines noch nutzbaren Gebäudes regelmäßig mindestens 30% seiner wirtschaftlichen Gesamtnutzungsdauer.

Ansatz der Restnutzungsdauer nach der ImmoWertV

Nach §6 Abs.6 ImmoWertV ist die Restnutzungsdauer die Anzahl von Jahren, in denen eine bauliche Anlage bei ordnungsgemäßer Bewirtschaftung voraussichtlich noch wirtschaftlich genutzt werden kann. Dabei können Instandsetzungen oder Mo-dernisierungen die Restnutzungsdauer verlängern, unterlassene Instandhaltungen oder andere Gegebenheiten entsprechend verkürzen. Die Restnutzungsdauer be-stimmt sich laut Nr.3.5.6.2 WertR 2006 auf der Grundlage einer wirtschaftlichen Betrachtungsweise unter Berücksichtigung der Modernisierung bzw. Erneuerung der Gebäude oder Gebäudeteile. Es ist dabei die Restnutzungsdauer anzusetzen, die eine wirtschaftlich sinnvolle Nutzung des Grundstücks sicherstellt. Dabei stellt die tech-nisch maximal mögliche Gesamtnutzungsdauer eines Gebäudes nur die Obergrenze dar. Grundsätzlich geht die ImmoWertV von einer ordnungsgemäßen Instandhaltung der baulichen Anlagen aus. Dabei ist unter Instandhaltung der Erhalt des bestim-mungsgemäßen Gebrauchs der baulichen Anlagen zu verstehen. Die dabei entste-henden Erhaltungsaufwendungen fließen im Rahmen der Bewirtschaftungskosten in das Ertragswertverfahren ein. Einen Anhaltspunkt für die durchschnittliche wirt-schaftliche Gesamtnutzungsdauer, unterteilt nach verschiedenen Gebäudearten, kann der Anlage 4 der WertR 2006 entnommen werden. Bei dem konkreten Objekt kann jedoch ein aufgrund seiner Lage, Eigenschaften und der spezifischen wirtschaftlichen

Verwertbarkeit ein abweichender Ansatz notwendig sein. Eine Modernisierung oder Instandsetzung kann die Restnutzungsdauer eines Gebäudes verlängern. Modernisierungen sind nach §6 Abs.6 ImmoWertV z. B. Maßnahmen, die eine wesentliche Verbesserung der Wohn- oder Nutzungsverhältnisse oder wesentliche Einsparungen von Energie oder Wasser bewirken. Auch ist nach Nr.3.5.6.2 WertR 2006 bei der Bestimmung der Restnutzungsdauer darauf zu achten, dass die Gebäude den allgemeinen Anforderungen an gesunde Wohn- und Arbeitsverhältnisse und an die allgemeine Sicherheit oder den zukünftigen Anforderungen bezüglich Art und Ausstattung gerecht werden. Falls diese Bedingungen nicht erfüllt werden können ist die Restnutzungsdauer entsprechend anzupassen. Auf die Behandlung von Grundstücken mit mehreren Gebäuden unterschiedlicher Restnutzungsdauer und Gebäuden mit Gebäudeteilen, die eine unterschiedliche Restnutzungsdauer aufweisen soll hier nicht näher eingegangen werden.

Abweichungen

Durch die Anwendung der Anlage 22 des BewG zur Bestimmung der wirtschaftlichen Gesamtnutzungsdauer im Rahmen der steuerlichen Bedarfsbewertung ist die Gesamtnutzungsdauer für die einzelnen Grundstücksarten grundsätzlich zwingend festgelegt. Es findet keine Berücksichtigung individueller Eigenschaften eines Grundstücks statt, die zu einer entsprechenden Abweichung führen könnten. Dagegen enthält die Anlage 4 der WertR 2006 Richtgrößen, die in Spannen angegeben werden und die zudem ausdrücklich noch auf das individuelle Grundstück angepasst werden sollen. Hier weicht das Bewertungsgesetz deutlich ab, da man in der Verkehrswertermittlung von einem Zusammenhang des Ausstattungsstandards eines Gebäudes und seiner wirtschaftlichen Gesamtnutzungsdauer ausgeht und daher keine Verengung auf Durchschnittswerte erfolgt.[1]

Laut Abs.23 Nr.4 AEBewGrV ist im Rahmen der Bewertung nach dem Bewertungsgesetz die Restnutzungsdauer zwingend zu verlängern, wenn in den letzten 10 Jahren vor dem Bewertungsstichtag durchgreifende Modernisierungen vorgenommen wurden. Der Grad der Modernisierung wird dabei über ein Punktesystem bestimmt.

---

[1] Vgl. Eisele, Dirk: Erbschaftsteuerreform 2009, Herne 2009, S.169.

Entsprechend der für das Gebäude üblichen Gesamtnutzungsdauer und dem Gebäudealter wird die neue Restnutzungsdauer vorgegeben.

Eine Verkürzung der Restnutzungsdauer kommt bei noch nutzbaren Gebäuden grundsätzlich nicht in Betracht, mit Ausnahme bei einer bestehenden Abbruchverpflichtung. Die Restnutzungsdauer wird in ihrer Höhe sogar auf mindestens 30% der wirtschaftlichen Gesamtnutzungsdauer bestimmt. Mit dieser Mindestwertregelung soll der Vorstellung Rechnung getragen werden, dass ein laufend instandgehaltenes Gebäude nicht wertlos wird.[1] Es wird damit eine zeitlich unbegrenzte Nutzung des Gebäudes unterstellt.[2] Demgegenüber wird die Restnutzungsdauer eines Gebäudes nach der ImmoWertV überwiegend unter wirtschaftlichen Gesichtspunkten festgelegt. Es soll die wirtschaftlich sinnvollste Nutzung eines Grundstücks gewährleistet werden. Dabei stellt die technisch maximal mögliche Nutzungsdauer eines Gebäudes nur die Obergrenze des Wertansatzes dar. Daher kann bei einem Gebäude, das technisch eine längere Restnutzungsdauer aufweist, z. B. aufgrund von Modernisierungen, aus wirtschaftlichen Gründen der Ansatz einer wesentlich kürzeren Restnutzungsdauer angezeigt sein. Wirtschaftliche Gründe können z. B. in der Lage eines Objekts, seiner spezifischen Ausstattung oder seiner Optik begründet sein. Es kann somit auch eine sehr kurze Restnutzungsdauer zum Ansatz kommen. In solchen Fällen ist laut Nr. 3.5.5 WertR 2006 der Bodenwert um die gewöhnlichen Freilegungskosten zu mindern.

---

[1] Vgl. Droszdol, Wolf-Dietrich / Stemmler, Johannes: Die neue Bewertung des Grundbesitzes nach dem Erbschaftsteuerreformgesetz, Sinzig 2009, S.177.

[2] Vgl. Kreutziger, Stefan / Schaffner, Margit / Stephany, Ralf: Bewertungsgesetz-Kommentar, 2. Aufl., München 2009, S.687.

Vervielfältiger (V)

Ansatz des Vervielfältigers nach dem Bewertungsgesetz

Nach §185 Abs.1 BewG ist der Gebäudereinertrag mit dem sich aus Anlage 21 ergebenden Vervielfältiger zu kapitalisieren. Der anzuwendende Vervielfältiger bestimmt sich nach dem anzuwendenden Liegenschaftszinssatz und der Restnutzungsdauer des Gebäudes. Der Vervielfältiger entspricht dem Rentenbarwertfaktor einer nachschüssigen Rente.

Ansatz des Vervielfältigers nach der ImmoWertV

Laut §17 Abs.2 ImmoWertV ist der Reinertrag des Grundstücks zu kapitalisieren. Die Kapitalisierung erfolgt mit dem Kapitalisierungsfaktor laut §20 ImmoWertV. Der jeweils anzuwendende Kapitalisierungsfaktor bestimmt sich unter Berücksichtigung der Restnutzungsdauer und des jeweiligen Liegenschaftszinssatzes und ist Anlage 1 der ImmoWertV zu entnehmen. Es handelt sich dabei um einen nachschüssigen Rentenbarwertfaktor.

Abweichungen

In beiden Verfahren stellt der Vervielfältiger einen nachschüssigen Rentenbarwertfaktor dar, der aufgrund der Restnutzungsdauer des Gebäudes und des jeweiligen Liegenschaftszinssatzes bestimmt wird. Bei gleichen Wertansätzen ergibt sich somit auch ein identischer Vervielfältiger. Da jedoch die Wertansätze bezüglich der Restnutzungsdauer und des Liegenschaftszinssatzes abweichen können, ergibt sich somit als Folge auch ein unterschiedlicher Vervielfältiger.

4   Einfluss der Abweichungen auf das Bewertungsergebnis

4.1   Einfluss durch Abweichungen im zu ermittelnden Wert

Da in beiden Verfahren grundsätzlich ein begriffsidentischer Wert ermittelt werden soll, nämlich der gemeine Wert nach §9 BewG bzw. der Verkehrswert nach §194 BauGB, wird durch die Wertdefinition das Bewertungsergebnis grundsätzlich nicht beeinflusst. Es bleibt jedoch weiter zu klären, wie im Detail bei beiden Verfahren dieser definierte Wert ermittelt wird, und ob hier im Abschluss ein Wert bestimmt wird, der dem Begriff des gemeinen Werts bzw. des Verkehrswerts in seinen wesentlichen Merkmalen, nämlich Zustandekommen auf einem freien Markt unter Berücksichtigung sämtlicher individueller Eigenschaften des Bewertungsobjekts ohne Beachtung ungewöhnlicher oder persönlicher Verhältnisse, entspricht.

4.2   Einfluss durch Abweichungen im Bewertungsobjekt

Für den Fall des Nachweises des niedrigeren gemeinen Werts nach § 198 BewG ist darauf zu achten, dass der Nachweis für ein identisches Bewertungsobjekt erfolgt. Dieses Bewertungsobjekt stellt regelmäßig die wirtschaftliche Einheit nach dem Bewertungsgesetz dar. Laut Abschnitt 43 Abs.2 AEBewGrV ist der Nachweis des niedrigeren gemeinen Werts jeweils für die gesamte wirtschaftliche Einheit zu führen. Es ist daher im Einzelfall darauf zu achten, dass das Bewertungsobjekt, welches nach den Vorschriften der ImmoWertV bewertet wird mit der wirtschaftlichen Einheit nach den Vorschriften des Bewertungsgesetzes überein stimmt. Bei Abweichungen im Bewertungsobjekt gilt der Nachweis des niedrigeren gemeinen Werts als nicht erbracht und der Nachweis findet keine Anerkennung.

Ein wesentlicher Einfluss auf das Bewertungsergebnis übt die Abweichung in der Behandlung von den Wert beeinflussenden Rechten und Belastungen privatrechtlicher und öffentlich-rechtlicher Art dar. Im Rahmen der steuerlichen Bedarfsbewertung finden Rechte und Belastungen bei der Wertermittlung von Grundstücken keine Berücksichtigung. Sie können jedoch teilweise im Rahmen der Vorschriften des

Erbschaftsteuergesetzes als Nachlassverbindlichkeiten zum Abzug gebracht werden. Dies geschieht dann jedoch außerhalb der Bewertungssystematik für das Grundstück. Dahingegen werden bei der Verkehrswertermittlung wertbeeinflussende Rechte und Belastungen direkt bei der Wertermittlung des Grundstückes zum Abzug gebracht. Dies führt daher beim Vorliegen solcher Rechte und Belastungen auf eine Abweichung im ermittelten Wert.

4.3 Einfluss durch Abweichungen im anzuwendenden Bewertungsverfahren

In der Wertermittlung auf Grundlage der ImmoWertV kann wesentlich flexibler den Besonderheiten des Einzelfalls Rechnung getragen werden, indem das Verfahren zur Anwendung kommen kann, welches die vermutete Preisbildung am Markt am besten abbildet. Auch kann die Anwendung eines Verfahrens aufgrund mangelnder Datengrundlage zu einem nicht aussagekräftigen Ergebnis führen. In einem solchen Fall kann auf andere Verfahren zurückgegriffen werden. Hier dürfte es vor allem im Bereich des Teileigentums zu Abweichungen zur steuerrechtlichen Bewertung kommen, da allein die Eigenschaft des Teileigentums keine Aussage über den individuellen Charakter des Objektes zulässt und es sich daher genauso um ein renditeorientiertes Objekt handeln kann, für welches wohl das Ertragswertverfahren, welches nach steuerrechtlichen Bewertungsvorschriften nicht zur Anwendung kommen kann, ein aussagekräftigeres Ergebnis liefern könnte.

4.4 Einfluss durch Abweichungen innerhalb des Ertragswertverfahrens

Grundsätzlich gleichen sich beide Verfahren im Aufbau, so dass beide Verfahren bei gleichen Wertansätzen auch auf identische Ergebnisse führen. Ein wesentlicher Unterschied liegt jedoch in der Berücksichtigung besonderer objektspezifischer Grundstücksmerkmale und sonstiger wertbeeinflussender Umstände. Diese finden im Rahmen des Ertragswertverfahrens nach Steuerrecht keine Berücksichtigung, sofern sie nicht über die einzelnen Wertansätze innerhalb des Verfahrens auf das Ergebnis wirken. Es ist daher nicht möglich Besonderheiten wie zum Beispiel Baumängel oder

Bauschäden, die sich auf den Verkehrswert des spezifischen Bewertungsobjekts auswirken, zu berücksichtigen. Das Ertragswertverfahren nach dem Bewertungsgesetz bleibt hier sehr pauschal und berücksichtigt wertbeeinflussende Besonderheiten des Einzelfalls nur unzureichend. Dadurch wird auch ein Erfordernis der Definition des gemeinen Werts nach §9 BewG, nämlich die Berücksichtigung der Beschaffenheit des zu bewertenden Wirtschaftsguts bei der Bewertung nur unzureichend erfüllt. Daher kann das Bewertungsergebnis bei vorliegen solcher wertbeeinflussender Eigenschaften, welche über keinen anderen Wertansatz in das Ertragswertverfahren eingebracht werden können zu einem vom Verkehrswert erheblich abweichenden Bewertungsergebnis führen.

4.4.1 Sensitivitätsanalyse

Im Ertragswertverfahren werden mehrere Ausgangsgrößen mathematisch miteinander verknüpft und daraus der Ertragswert des Grundstücks abgeleitet. Daher hat jede Ausgangsgröße einen spezifischen Einfluss auf das Berechnungsergebnis. Es ist die Frage zu untersuchen, wie sich Änderungen in den Größen der Eingangswerte auf das Ergebnis des Ertragswertverfahrens auswirken.

Änderung einer einzigen Eingangsgröße

Die Frage nach den Zusammenhängen zwischen den Eingangsgrößen und dem Ertragswert wurde von Emert[1] untersucht. Dabei wurde folgendermaßen verfahren:

Die partielle Differentiation einer Gleichung ermöglicht die Berechnung einer Lösung für Probleme, die von mehreren Parametern abhängig sind. Dabei werden bis auf eine, alle Variablen als konstant angenommen. Für diese eine Variable wird der Differentialquotient bestimmt. Das Ergebnis ist die Ableitung der Funktion nach dieser einen Variablen. Damit lässt sich eine Aussage ableiten, wie sich eine Änderung dieser einen Eingangsgröße auf das Berechnungsergebnis, hier den Ertragswert, überträgt.

---

[1] Vgl. Emert, H: Die Fehlerübertragung beim Ertragswertverfahren, in: Allgemeine Vermessungsnachrichten Nr.5 , 1967, S. 213-218.

Ausgegangen wird von der Formel des allgemeinen Ertragswertverfahrens.

$$EW = (RO - BE - \frac{p}{100} * BW) * V + BW \qquad (1)$$

wobei folgende Substitution gilt: $\quad \frac{p}{100} = j \qquad$ also $\quad q = 1 + \frac{p}{100} = 1 + j \qquad (2)$

Nach der partiellen Ableitung nach den Ausgangsgrößen RO, BE, j, V, BW und der anschließenden Überleitung auf relative Größen ergeben sich Gleichungen folgender Form:

$$\text{\textit{Prozentuale Änderung des Ergebnisses}} \quad = \quad C \quad x \quad \textit{Prozentuale Änderung der Eingangsgröße} \qquad (3)$$

Dabei gibt der Übertragungskoeffizient c an, wie eine relative Änderung der spezifischen Ausgangsgröße auf das Ergebnis wirkt. Die sich ergebenden Gleichungen für den Übertragungskoeffizienten c sind je nach Ausgangsgröße unterschiedlich, wobei der Index von c die jeweilige Ausgangsgröße angibt. Es ergeben sich dabei nach Haag[1] folgende Gleichungen:

$$c_{RO} = \frac{V \times RO}{EW}$$

$$c_{BE} = \frac{V \times BE}{EW}$$

$$c_n = \frac{(RO - BE - BW \times j) \times n}{EW} \times \frac{\ln(1 + j)}{j \times (1 + j)^n} \qquad (4)$$

$$c_j = -j \times V$$

$$c_{BW} = \frac{BW}{EW} \times \frac{1}{(1 + j)^n}$$

---

[1] Vgl. Haack, Björn: Sensitivitätsanalyse zur Verkehrswertermittlung von Grundstücken, Dissertation, München 2008, S. 144.

Bezüglich der Übertragung wurden von Haag[1] folgende Aussagen abgeleitet:

Tabelle 1: Übertragungskoeffizient Rohertrag

Übertragungskoeffizient Rohertrag (RO)	
Bezeichnung:	c_{RO}
Art der Übertragung:	Positiv
Abhängigkeiten:	▪ die Höhe des Einflusses auf den Ertragswert wird durch das Verhältnis RO/EW bestimmt ▪ zusätzlicher Einfluss besteht über den Vervielfältiger V und somit durch die Größen des Liegenschaftszinssatzes j und der Restnutzungsdauer n ▪ je nach der Höhe der Restnutzungsdauer ist eine deutliche Abhängigkeit vom Bodenwert BW möglich
Grenzverhalten:	für $j \rightarrow$ min. und $n \rightarrow$ max. gilt gleichermaßen $V \rightarrow$ max.

b: in Anlehnung an Haack, Björn: Sensitivitätsanalyse zur Verkehrswertermittlung von Grundstücken, Dissertation, München 2008, S.145.

Eine Abweichung in der Höhe des Rohertrags wird positiv in Abhängigkeit von der Größe des Liegenschaftszinssatzes und der Restnutzungsdauer im Verhältnis zum Ertragswert übertragen. Je kleiner der Liegenschaftszinssatz und je höher die Restnutzungsdauer, desto höher ist die Übertragung auf den Ertragswert.

Tabelle 2: Übertragungskoeffizient Bewirtschaftungskosten

Übertragungskoeffizient Bewirtschaftungskosten (BE)	
Bezeichnung:	c_{BE}
Art der Übertragung:	Negativ
Abhängigkeiten:	▪ die Höhe des Einflusses auf den Ertragswert wird durch das Verhältnis BE/EW bestimmt ▪ zusätzlicher Einfluss besteht über den Vervielfältiger V und somit durch die Größen des Liegenschaftszinssatzes j und der Restnutzungsdauer n ▪ je nach der Höhe der Restnutzungsdauer ist eine deutliche Abhängigkeit vom Bodenwert BW möglich
Grenzverhalten:	für $j \rightarrow$ min. und $n \rightarrow$ max. gilt gleichermaßen $V \rightarrow$ max.

c: in Anlehnung an Haack, Björn: Sensitivitätsanalyse zur Verkehrswertermittlung von Grundstücken, Dissertation, München 2008, S.146.

---

[1] Vgl. Haack, Björn: Sensitivitätsanalyse zur Verkehrswertermittlung von Grundstücken, Dissertation, München 2008, S.145 ff.

Eine Abweichung in der Höhe des Rohertrags wird negativ in Abhängigkeit von der Größe des Liegenschaftszinssatzes und der Restnutzungsdauer im Verhältnis zum Ertragswert übertragen. Je kleiner der Liegenschaftszinssatz und je höher die Restnutzungsdauer, desto höher ist die Übertragung auf den Ertragswert.

Tabelle 3: Übertragungskoeffizient Liegenschaftszinssatz

Übertragungskoeffizient Liegenschaftszinssatz (j)	
Bezeichnung:	c_j
Art der Übertragung:	Negativ
Abhängigkeiten:	▪ die Höhe des Einflusses auf den Ertragswert wird ausschließlich durch den Liegenschaftszinssatz j selbst bzw. wesentlich durch die Restnutzungsdauer n bestimmt ▪ es besteht keine Abhängigkeit vom Verhältnis *BW/EW*
Grenzverhalten:	für $n \to$ min. gilt $c_j \to$ min.

d: in Anlehnung an Haack, Björn: Sensitivitätsanalyse zur Verkehrswertermittlung von Grundstücken, Dissertation, München 2008, S.147.

Eine Abweichung in der Höhe des Liegenschaftszinssatzes wirkt negativ auf den Ertragswert in Abhängigkeit der Höhe des Liegenschaftszinssatzes selbst, sowie wesentlich von der Höhe der Restnutzungsdauer. Der Übertragungseffekt auf den Ertragswert ist um so großer je länger die Restnutzungsdauer ausfällt.

Tabelle 4: Übertragungskoeffizient Restnutzungsdauer

Übertragungskoeffizient Restnutzungsdauer (n)	
Bezeichnung:	c_n
Art der Übertragung:	Positiv
Abhängigkeiten:	▪ die Höhe des Einflusses auf den Ertragswert wird wesentlich durch den Reinertrag *RE* der baulichen Anlagen sowie die Restnutzungsdauer n selbst bestimmt ▪ es besteht ein geringer Einfluss des Liegenschaftszinssatzes j
Grenzverhalten:	keines

e: in Anlehnung an Haack, Björn: Sensitivitätsanalyse zur Verkehrswertermittlung von Grundstücken, Dissertation, München 2008, S.147.

Eine Abweichung in der Höhe der Restnutzungsdauer wirkt positiv auf den Ertragswert in Abhängigkeit der Höhe der Restnutzungsdauer selbst, sowie von dem Verhältnis zwischen Reinertrag der baulichen Anlagen und Ertragswert. Um so höher die Reinerträge der baulichen Anlagen und um so geringer die Restnutzungsdauer, desto größer der Einfluss auf den Ertragswert.

Tabelle 5: Übertragungskoeffizient Bodenwert

Übertragungskoeffizient Bodenwert (BW)	
Bezeichnung:	c_{BW}
Art der Übertragung:	Positiv
Abhängigkeiten:	▪ die Größe des Einflusses aufgrund der Diskontierung in einem geringen Maß durch das Verhältnis BW/EW beeinflusst ▪ die Übertragung wird durch die Höhe der Restnutzungsdauer n bestimmt ▪ es besteht ein geringer Einfluss des Liegenschaftszinssatzes j
Grenzverhalten:	Für $n \rightarrow$ min. gilt $BW \rightarrow$ max. und umgekehrt

f: in Anlehnung an Haack, Björn: Sensitivitätsanalyse zur Verkehrswertermittlung von Grundstücken, Dissertation, München 2008, S.148.

Eine Abweichung im Wertansatz des Bodenwerts wird positiv in Abhängigkeit des Verhältnisses BW/EW und gleichbedeutend über die Höhe der Restnutzungsdauer und des Liegenschaftszinssatzes übertragen. Je geringer der Liegenschaftszinssatz ist und je kürzer die Restnutzungsdauer, desto höher ist der Einfluss auf den Ertragswert.

Änderung mehrerer Eingangsgrößen

Es ist jedoch möglich, dass sich nicht nur eine, sondern gleichzeitig mehrere Eingangsgrößen verändern. Daher ist des Weiteren die Frage zu untersuchen, wie sich eine solche Veränderung auf den Ertragswert auswirkt und welcher Eingangsparameter unter welcher Konstellation den größten Einfluss auf das Ergebnis ausübt.

Weichen alle Eingangsgrößen dem Betrag nach in die gleiche Richtung ab, so beträgt nach Emert[1] die maximale Übertragung auf den Ertragswert das zweifache der in Prozent ausgedrückten Abweichungen der Eingangsgrößen. Weichen die Eingangsgrößen jedoch betragsmäßig nicht alle in die gleiche Richtung ab, so heben sie sich in ihrer Wirkung auf den Ertragswert teilweise wieder auf, so dass die tatsächliche Auswirkung auf den Ertragswert unterhalb der maximal möglichen Übertragung liegt.

---

[1] Vgl. Emert, H: Die Fehlerübertragung beim Ertragswertverfahren, in: Allgemeine Vermessungsnachrichten Nr.5, 1967, S. 213-218.

Wendet man das Gauß'sche Varianzenfortpflanzungsgesetz[1] auf die Gleichung des allgemeinen Ertragswertverfahrens (1) an, so erhält man nach Emert für das wahrscheinliche Zusammenwirken der mittleren Abweichungen aller Ausgangsgrößen folgende Bestimmungsgleichung:

$$\text{Mittlere Abweichung des Ergebnisses in \%} = C_m \quad x \quad \text{Mittlere Abweichung der Eingangsgröße in \%} \quad (5)$$

Dabei stellt der mittlere Übertragungskoeffizient c_m wiederum eine Funktion von Ro, BE, n, j und BW dar, der sich wie folgt bestimmt:

$$c_m = +-\sqrt{c_{RO}^2 + c_{RE}^2 + c_j^2 + c_n^2 + c_{BW}^2} \quad (6)$$

Die Koeffizienten bestimmen sich durch die Gleichungen zur Ermittlung der einzelnen Übertragungskoeffizienten (4).

Nach der partiellen Ableitung nach den abweichenden Größen ergeben sich laut Haack[2] folgende Anteile der Eingangsgrößen an der Standardabweichung des Ertragswerts:

$$A_{RO} = (V * \sigma_{BE})^2$$

$$A_{BE} = -(V * \sigma_{BE})^2 = (V * \sigma_{BE})^2$$

$$A_j = \left(\left((RO - BE) * \frac{\left(-(1+j)^{n+1}\right) + j(n+1) + 1}{j^2 * (1+j)^{n+1}} - BW * \frac{n}{(1+j)^{n+1}} \right) * \sigma_j \right)^2 \quad (7)$$

$$A_n = \left(\left((RO - BE - BW * j) * \frac{\ln(1+j)}{j * (1+j)^n} \right) * \sigma_n \right)^2$$

$$A_{BW} = \left(\frac{1}{(1+j)^n} * \sigma_{BW} \right)^2$$

---

[1] Das Gauß`sche Varianzenfortpflanzungsgesetz lässt eventuell vorliegende Korrelationen zwischen den Eingangsgrößen außer Acht.

[2] Vgl. Haack, Björn: Sensitivitätsanalyse zur Verkehrswertermittlung von Grundstücken, Dissertation, München 2008, S.192 ff.

Daraus leitet Haack folgende Abhängigkeiten für die einzelnen Eingangsgrößen ab:

Tabelle 6: Übertragungsanteil Rohertrag

A_{RO} - Rohertrag	
Abhängigkeiten:	σ_{RO}, j, n
Grenzverhalten:	für j $\rightarrow$ min., n $\rightarrow$ max. und $\sigma_{RO=}$ $\rightarrow$ max. gilt A_{RO} $\rightarrow$ max. und umgekehrt

g: in Anlehnung an Haack, Björn: Sensitivitätsanalyse zur Verkehrswertermittlung von Grundstücken, Dissertation, München 2008, S.193.

Der Übertragungsanteil des Rohertrags A_{RO} fällt am größten aus, wenn die Restnutzungsdauer maximal und der Liegenschaftszinssatz minimal wird.

Tabelle 7: Übertragungsanteil Bewirtschaftungskosten

A_{BE} - Bewirtschaftungskosten	
Abhängigkeiten:	σ_{BE}, j, n
Grenzverhalten:	für j $\rightarrow$ min., n $\rightarrow$ max. und $\sigma_{BE=}$ $\rightarrow$ max. gilt A_{BE} $\rightarrow$ max. und umgekehrt

h: in Anlehnung an Haack, Björn: Sensitivitätsanalyse zur Verkehrswertermittlung von Grundstücken, Dissertation, München 2008, S.194.

Der Übertragungsanteil des Rohertrags A_{RO} fällt am größten aus, wenn die Restnutzungsdauer maximal und der Liegenschaftszinssatz minimal wird. Da jedoch die Bewirtschaftungskosten in der Regel niedriger sind als der Rohertrag, fällt der entsprechende Übertragungsanteil kleiner aus.

Tabelle 8: Übertragungsanteil Liegenschaftszinssatz

A_j - Liegenschaftszinssatz	
Abhängigkeiten:	σ_j, RO, BE, j, n, BW
Grenzverhalten:	für (RO-BE) $\rightarrow$ max., j $\rightarrow$ min., n $\rightarrow$ max. und BW $\rightarrow$ min. gilt A_j $\rightarrow$ max. und umgekehrt

i: in Anlehnung an Haack, Björn: Sensitivitätsanalyse zur Verkehrswertermittlung von Grundstücken, Dissertation, München 2008, S.194.

Der Übertragungsanteil des Liegenschaftszinssatzes ist bei kleinen Liegenschaftszinssätzen und langer Restnutzungsdauer, sowie einem geringen Bodenwert am größten.

Tabelle 9: Übertragungsanteil Restnutzungsdauer

A_n - Restnutzungsdauer	
Abhängigkeiten:	σ_n, RO, BE, j, n, BW
Grenzverhalten:	für n $\rightarrow$ min., j $\rightarrow$ min und (RO-BE-BW x j) $\rightarrow$ max. gilt A_n $\rightarrow$ max. und umgekehrt

j: in Anlehnung an Haack, Björn: Sensitivitätsanalyse zur Verkehrswertermittlung von Grundstücken, Dissertation, München 2008, S.195.

Der Übertragungsanteil der Restnutzungsdauer fällt bei kleinem Liegenschaftszinssatz, niedriger Restnutzungsdauer, hohen Erträgen, geringen Bewirtschaftungskosten und einem geringen Bodenwert am größten aus.

Tabelle 10: Übertragungsanteil Bodenwert

A_{BW} - Bodenwert	
Abhängigkeiten:	σ_{BW}, j, n
Grenzverhalten:	für n $\rightarrow$ min., j $\rightarrow$ min gilt A_{BW} $\rightarrow$ max. und umgekehrt

k: in Anlehnung an Haack, Björn: Sensitivitätsanalyse zur Verkehrswertermittlung von Grundstücken, Dissertation, München 2008, S.147.

Eine Abweichung im Bodenwert wirkt sich nur bei kleinem Liegenschaftszinssatz und geringer Restnutzungsdauer merkbar auf den Ertragswert aus.

4.4.2 Übertragung der Ergebnisse aus der Sensitivitätsanalyse

Die Ergebnisse der Senstivitätsanalyse sollen nun auf konkrete Objekte angewendet werden. Es soll damit die Frage beantwortet werden, bei welchen Objekten die verschiedenen Eingangswerte des Ertragswertverfahrens den größten Einfluss auf das Bewertungsergebnis ausüben und daher im Rahmen einer Bewertung und der damit verbundenen Entscheidung, welches Bewertungsverfahren zur Anwendung kommen soll in ihrem Wertansatz besonders genau betrachtet werden müssen.

Rohertrag (RO)

Bedingung für maximale
Übertragung: j → min.
                                        n → max.

Art der Übertragung: Positiv
                                        ⇉ höherer RO = höherer EW

Ableitung auf konkrete Objekte:

j → min.

Um so niedriger der Liegenschaftszinssatz, desto stärker beeinflusst die Höhe des Rohertrags den Ertragswert. Als konkrete Objekte kommen daher in Betracht:

- Mietwohnobjekte

n → max.

Um so länger die Restnutzungsdauer eines Bewertungsobjekts, desto stärker beeinflusst der Wertansatz des Rohertrags den Ertragswert. Als konkrete Objekte kommen daher in Betracht:

- neue Objekte
- Objekte mit einer langen Gesamtnutzungsdauer, die im Verhältnis noch eine lange Restnutzungsdauer aufweisen

Schlussfolgerung:

Bei Objekten mit einem niedrigen Zinssatz und einer langen Restnutzungsdauer überträgt sich der Wertansatz des Rohertrags am stärksten auf das Bewertungsergebnis. Bei solchen Objekten ist die Ansatzhöhe des Rohertrags besonders kritisch zu beurteilen.

Das bedeutet, dass der Einfluss des Rohertrags auf den Ertragswert, insbesondere bei neuen Mietwohnobjekten am höchsten ausfallen wird.

Bei Objekten mit höheren Liegenschaftszinssätzen, wie z. B. gemischt genutzte Grundstücke und Geschäftsgrundstücke, oder Gebäude mit einer kürzeren Restnutzungsdauer oder einer Kombination aus beidem schwächt sich der Effekt der Übertragung auf den Ertragswert entsprechend ab.

Bewirtschaftungskosten (BE)

Bedingung für maximale Übertragung:	$j \rightarrow$ min.
	$n \rightarrow$ max.
Art der Übertragung:	Negativ
	$\rightleftharpoons$ höherer BE = niedrigerer EW

Ableitung auf konkrete Objekte:

$j \rightarrow$ min.

Um so niedriger der Liegenschaftszinssatz, desto stärker beeinflusst die Höhe der Bewirtschaftungskosten den Ertragswert. Als konkrete Objekte kommen daher in Betracht:

- Mietwohnobjekte

$n \rightarrow$ max.

Um so länger die Restnutzungsdauer eines Bewertungsobjekts, desto stärker beeinflusst der Wertansatz der Bewirtschaftungskosten den Ertragswert. Als konkrete Objekte kommen daher in Betracht:

- neue Objekte
- Objekte mit einer langen Gesamtnutzungsdauer, die im Verhältnis noch eine lange Restnutzungsdauer aufweisen

Schlussfolgerung:

Bei Objekten mit einem niedrigen Zinssatz und einer langen Restnutzungsdauer überträgt sich der Wertansatz der Bewirtschaftungskosten am stärksten auf das Bewertungsergebnis. Bei solchen Objekten ist die Ansatzhöhe der Bewirtschaftungskosten besonders kritisch zu beurteilen.

Das bedeutet, dass der Einfluss der Bewirtschaftungskosten auf den Ertragswert insbesondere bei neuen Mietwohnobjekten am höchsten ausfallen wird. Bei Objekten mit höheren Liegenschaftszinssätzen, wie z. B. gemischt genutzte Grundstücke und Geschäftsgrundstücke, oder Gebäude mit einer kürzeren Restnutzungsdauer oder einer Kombination aus beidem schwächt sich der Effekt der Übertragung auf den Ertragswert entsprechend ab. Die Übertragung erfolgt gegenläufig zum Rohertrag, fällt aber betragsmäßig in aller Regel entsprechend niedriger aus als die des Rohertrags.

Liegenschaftszinssatz (j)

Bedingung für maximale
Übertragung:

$(RO - BE) \rightarrow max.$
$j \rightarrow min.$
$n \rightarrow max.$
$BW \rightarrow min.$

Art der Übertragung:

Negativ
$\Rightarrow$ höherer j = niedrigerer EW

Ableitung auf konkrete Objekte:

$(RO - BE) \rightarrow max.$

Um so höher der Wertansatz des Rohertrags abzüglich der Bewirtschaftungskosten, also der Reinertrag ausfällt, desto stärker wirkt sich eine Änderung der Höhe des Liegenschaftszinssatzes auf den Ertragswert aus. Aufgrund der negativen Übertragung führt ein niedrigerer Liegenschaftszinssatz auf einen höheren Ertragswert. Als konkrete Objekte kommen daher in Betracht:

- Objekte, die einen hohen Reinertrag aufweisen unabhängig davon, ob dieser durch einen hohen Rohertrag oder niedrige Bewirtschaftungskosten zustande kommt

$j \rightarrow min.$

Um so niedriger der Liegenschaftszinssatz, desto stärker beeinflusst er die Höhe des Ertragswerts, da ein kleinerer Liegenschaftszinssatz auf höhere Ertragswerte führt. Als konkrete Objekte kommen daher in Betracht:

- Mietwohnobjekte

n → max.

Um so länger die Restnutzungsdauer eines Bewertungsobjekts, desto stärker beeinflusst die Höhe des Liegenschaftszinssatzes den Ertragswert. Als konkrete Objekte kommen daher in Betracht:

- neue Objekte
- Objekte mit einer langen Gesamtnutzungsdauer, die im Verhältnis noch eine lange Restnutzungsdauer aufweisen

BW → min.

Bei einem niedrigen Wertansatz des Bodenwerts überträgt sich eine Änderung des Liegenschaftszinssatzes stärker auf den Ertragswert. Die Höhe des Liegenschaftszinssatzes beeinflusst den Ertragswert also stärker bei Objekten, für die der Bodenwert gering ausfällt. Als konkrete Objekte kommen daher in Betracht:

- Objekte mit im Verhältnis zur Bebauung kleinem Grundstück (hohe Grundflächenzahl – GRZ)
- Objekte in Gebieten mit niedrigen Bodenrichtwerten, z. B. in ländlichen Gebieten

Schlussfolgerung:

Bei Objekten, die einen niedrigen Liegenschaftszinssatz und eine noch verhältnismäßig lange Restnutzungsdauer, sowie einen hohen Reinertrag mit gleichzeitig niedrigem Bodenwert aufweisen, wirkt sich eine Änderung des Liegenschaftszinssatzes am stärksten auf den Ertragswert aus.

Dies trifft insbesondere auf neuere Mietwohnobjekte, die eine gute Ertragslage aufweisen und in Gebieten mit einem niedrigen Bodenwert, z. B. in ländlichen Gebieten liegen, zu. Bei diesen Objekten erreicht der Liegenschaftszinssatz seinen maximalen Einfluss auf den Ertragswert und muss daher besonders kritisch betrachtet werden. Erfüllt ein Objekt die Bedingungen für einen maximalen Einfluss nicht in allen Ausprägungen, schwächt sich der Einfluss des Liegenschaftszinssatzes auf den Ertragswert entsprechend ab.

Restnutzungsdauer (n)

Bedingung für maximale
Übertragung: $(RO - BE - BW \times j) \rightarrow$ max.

                                $j \rightarrow$ min.

                                $n \rightarrow$ min.

Art der Übertragung: Positiv

                                $\rightleftharpoons$ höhere n = höherer EW

Ableitung auf konkrete Objekte:

$(RO - BE - BW \times j) \rightarrow$ max.

Der Rohertrag abzüglich Bewirtschaftungskosten und Bodenwertverzinsung stellt

den Ertragswert der baulichen Anlagen dar. Fällt er besonders hoch aus, überträgt

sich eine Änderung der Restnutzungsdauer besonders stark auf den Ertragswert. Zu

einem hohen Wertansatz des Ertragswerts der baulichen Anlagen kommt es bei einer

guten Ertragslage, niedrigen Bewirtschaftungskosten und einem niedrigen Boden-

wert. Als konkrete Objekte kommen daher in Betracht:

- Objekte mit einer guten Ertragslage

- Objekte mit niedrigen Bewirtschaftungskosten

- Objekte mit niedrigem Bodenwertansatz, z. B. bedingt durch niedrigen Bodenwert

  oder einem im Verhältnis zur Bebauung kleinen Grundstück

$j \rightarrow$ min.

Um so niedriger der Liegenschaftszinssatz, desto stärker wirkt eine Änderung in der

Länge der Restnutzungsdauer auf die Höhe des Ertragswerts. Als konkrete Objekte

kommen daher in Betracht:

- Mietwohnobjekte

$n \rightarrow min.$

Bei einer niedrigen Restnutzungsdauer wirkt sich ihre Veränderung am stärksten auf den Ertragswert aus. Eine Veränderung der Restnutzungsdauer überträgt sich daher besonders stark auf den Ertragswert bei Objekten, die nur eine geringe Restnutzungsdauer aufweisen. Als konkrete Objekte kommen daher in Betracht:

- ältere Objekte
- Objekte mit geringer Gesamtnutzungsdauer wie z. B. Einkaufsmärkte oder Industriegebäude

Schlussfolgerung:

Bei Objekten mit guter Ertragslage, einem niedrigen Bodenwert und niedrigem Liegenschaftszinssatz, die eine verhältnismäßig kurze Restnutzungsdauer aufweisen wirkt sich eine Änderung der Restnutzungsdauer besonders stark auf den Ertragswert aus, daher muss die Restnutzungsdauer bei solchen Objekten besonders kritisch beurteilt werden.

Es kann sich hierbei z. B. um ältere Mietwohnobjekte die noch eine gute Ertragslage aufweisen, oder Gewerbeobjekte, die eine relativ kurze Restnutzungsdauer besitzen und einen niedrigen Bodenwert haben, handeln. Bei weniger starken Ausprägungen der beeinflussenden Merkmale fällt die Übertragung einer Veränderung der Restnutzungsdauer auf den Ertragswert entsprechend geringer aus.

Bodenwert (BE)

Bedingung für maximale Übertragung:	$j \rightarrow$ min.
	$n \rightarrow$ min.
Art der Übertragung:	Positiv
	$\rightrightarrows$ höherer BW = höherer EW

Ableitung auf konkrete Objekte:

$j \rightarrow$ min.

Um so niedriger der Liegenschaftszinssatz, desto stärker beeinflusst eine Änderung des Bodenwerts die Höhe des Ertragswerts. Als konkrete Objekte kommen daher in Betracht:

- Mietwohnobjekte

$n \rightarrow$ min.

Bei einer niedrigen Restnutzungsdauer wirkt sich eine Veränderung in der Höhe des Bodenwerts am stärksten auf den Ertragswert aus. Eine Abweichung im Ansatz des Bodenwerts überträgt sich daher besonders stark auf den Ertragswert bei Objekten, die nur eine geringe Restnutzungsdauer aufweisen. Als konkrete Objekte kommen daher in Betracht:

- ältere Objekte
- Objekte mit geringer Gesamtnutzungsdauer wie z. B. Einkaufsmärkte oder Industriegebäude

Schlussfolgerung:

Eine Änderung in der Höhe des Bodewerts wirkt sich am stärksten auf den Ertragswert aus bei Objekten, die eine kurze Restnutzungsdauer und einen niedrigen Liegenschaftszinssatz aufweisen. Dabei handelt es sich insbesondere um ältere Objekte, und um Objekte mit einer kurzen Gesamtnutzungsdauer, die einen niedrigen Liegenschaftszinssatz aufweisen wie z. B. Mietwohnobjekte. Bei einer geringeren Ausprägung der beeinflussenden Merkmale schwächt sich der Übertragungseffekt entsprechend ab. Bei einer sehr langen Restnutzungsdauer wird der Einfluss des Bodenwerts auf den Ertragswert sehr klein, so dass auf den Ansatz des Bodenwerts verzichtet werden kann.

Der Einfluss des Bodenwerts wird maximal, wenn die wirtschaftliche Gesamtnutzungsdauer der baulichen Anlagen erreicht ist und diese keinen Beitrag zum Ertragswert mehr leisten. Der Einfluss des Bodenwerts auf den Ertragswert bewegt sich daher über die wirtschaftliche Gesamtnutzungsdauer der baulichen Anlagen von nahezu 0% Anteil, bei einer sehr langen Restnutzungsdauer bis zu 100% Anteil am Ertragswert am Ende der Nutzungsdauer.

5   Ableitung von Handlungsempfehlungen

Die in den voran gegangenen Kapiteln gewonnenen Erkenntnisse sollen nun auf konkrete Gegebenheiten, wie sie in der Praxis denkbar sind, angewandt werden. Aus den vorangegangenen Untersuchungen soll abgeleitet werden, ob bei konkreten Objekten ein Nachweis des niedrigeren gemeinen Werts nach §198 BewG auf ein niedrigeres Bewertungsergebnis führt als die typisierte steuerliche Bedarfsbewertung nach dem Bewertungsgesetz und der Nachweis eines solchen daher empfohlen werden kann. Dabei ist es nicht möglich alle denkbaren Fallkonstellationen zu untersuchen. Die Darstellung in dieser Studie soll sich daher auf die wohl in der Praxis am häufigsten auftretenden Sachverhalte beschränken.

Mietausfälle

Laut Abschnitt 14 Abs.1 AEBewGrV handelt es sich bei dem Entgelt um eine Sollmiete. Auf die tatsächlich gezahlte Miete kommt es nicht an. Mietausfälle finden daher im Rahmen der steuerlichen Bedarfsbewertung keine Berücksichtigung. Es wird die ortsübliche Miete angesetzt. Nach der ImmoWertV werden Mietausfälle im Rahmen der objektspezifischen Wertkorrektur nach §8 Abs.2 Nr.2 ImmoWertV berücksichtigt bzw. bei Anwendung des Ertragswertverfahrens auf der Grundlage periodisch unterschiedlicher Erträge innerhalb des Verfahrens, sofern der Mietausfall mit hinreichender Sicherheit vorliegt.

RO BewG > RO ImmoWertV

Nachweis des niedrigeren gemeinen Werts: JA

Die Wirkung auf die Höhe des Ertragswertes ist um so größer:
- je länger die Restnutzungsdauer
- je niedriger der Liegenschaftszinssatz

Leerstände

Laut §186 Abs.2 BewG ist bei Grundstücken oder Grundstücksteilen, die ungenutzt sind die ortsübliche Miete anzusetzen. Nach Nr. 3.5.1 WertR 2006 ist bei ungenutzten Räumen die ortsübliche Miete heranzuziehen.
Es liegt daher keine Abweichung zwischen beiden Verfahren vor.

Nachweis des niedrigeren gemeinen Werts: NEIN

Eigengenutzte Räume

Laut §186 Abs.2 BewG ist bei Grundstücken oder Grundstücksteilen die eigengenutzt sind die ortsübliche Miete anzusetzen. Nach Nr. 3.5.1 WertR 2006 ist bei eigengenutzten Räumen die ortsübliche Miete heranzuziehen.
Es liegt daher keine Abweichung zwischen beiden Verfahren vor.

Nachweis des niedrigeren gemeinen Werts: NEIN

Abweichung der tatsächlich erzielten Miete von der ortsüblichen Miete

Fall 1: Die tatsächlich erzielte Miete liegt um mehr als 20% unter der ortsüblichen Miete.

Nach §186 Abs.2 Nr.2 BewG kommt die ortsübliche Miete zum Ansatz. Nach §18 Abs.2 ImmoWertV erfolgt ein Ansatz der marktüblich erzielbaren Erträge über die gesamte Restnutzungsdauer des Grundstücks. Separater Ansatz des Minderertrags nach §8 Abs.2 Nr.2 ImmoWertV über den Zeitraum seines Bestehens, sofern er nicht bereits im Rahmen des Ertragswertverfahrens auf der Grundlage periodisch unterschiedlicher Erträge Eingang in die Berechnung gefunden hat.

RO BewG > RO ImmoWertV

Nachweis des niedrigeren gemeinen Werts: JA

Die Wirkung auf die Höhe des Ertragswertes ist um so größer
- je länger die Restnutzungsdauer
- je niedriger der Liegenschaftszinssatz

Fall 2: Die tatsächlich erzielte Miete liegt um mehr als 20% über der ortsüblichen Miete.

Nach §186 Abs.2 Nr.2 BewG kommt die ortsübliche Miete zum Ansatz.
Nach §18 Abs.2 ImmoWertV Ansatz der marktüblich erzielbaren Erträge über die gesamte Restnutzungsdauer des Grundstücks. Separater Ansatz des Mehrertrags nach §8 Abs.2 Nr.2 ImmoWertV über den Zeitraum seines Bestehens, sofern er nicht bereits im Rahmen des Ertragswertverfahrens auf der Grundlage periodisch unterschiedlicher Erträge Eingang in die Berechnung gefunden hat.

RO BewG < RO ImmoWertV

Nachweis des niedrigeren gemeinen Werts: NEIN

Fall 3: Die tatsächlich erzielte Miete weicht um weniger als 20% von der ortsüblichen Miete ab.

a.   Die tatsächlich erzielte Miete weicht um weniger als 20% nach unten von der ortsüblichen Miete ab.

Nach §188 Abs.2 Nr.2 BewG kommt die vertraglich vereinbarte Miete über die gesamte Restnutzungsdauer zum Ansatz. Laut §18 ImmoWertV erfolgt ein Ansatz der marktüblich erzielbaren Erträge über die gesamte Restnutzungsdauer. Der Minderertrag wird, sofern dieser als erheblich einzustufen ist, über den Zeitraum seines Bestehens im Rahmen einer objektspezifischen Wertkorrektur nach §8 Abs.2 Nr.2

ImmoWertV berücksichtigt, soweit er nicht bereits im Rahmen des Ertragswertverfahrens auf der Grundlage periodisch unterschiedlicher Erträge erfasst wurde.

RO BewG < RO ImmoWertV

Nachweis des niedrigeren gemeinen Werts: NEIN

b. Die tatsächlich erzielte Miete weicht um weniger als 20% nach oben von der ortsüblichen Miete ab.

Nach §188 Abs.2 Nr.2 BewG kommt die vertraglich vereinbarte Miete über die gesamte Restnutzungsdauer zum Ansatz. Laut §18 ImmoWertV erfolgt ein Ansatz der marktüblich erzielbaren Erträge über die gesamte Restnutzungsdauer. Der Mehrertrag wird, sofern dieser als erheblich einzustufen ist, über den Zeitraum seines Bestehens im Rahmen einer objektspezifischen Wertkorrektur nach §8 Abs.2 Nr.2 ImmoWertV berücksichtigt, soweit er nicht bereits im Rahmen des Ertragswertverfahrens auf der Grundlage periodisch unterschiedlicher Erträge erfasst wurde.

RO BewG > RO ImmoWertV

Nachweis des niedrigeren gemeinen Werts: JA

Die Wirkung auf die Höhe des Ertragswertes ist um so größer
- je länger die Restnutzungsdauer
- je niedriger der Liegenschaftszinssatz

Abbruchgebäude

Von einem Abbruchobjekt kann ausgegangen werden, wenn der Ertragswert der baulichen Anlagen negativ ist oder das aufstehende Gebäude nicht mehr genutzt werden kann. Nach §184 Abs.3 BewG ist mindestens der Bodenwert anzusetzen - Mindestwertregelung. Laut §16 Abs.3 ImmoWertV ist der Bodenwert hingegen um die üblichen Freilegungskosten zu mindern.

Nachweis des niedrigeren gemeinen Werts: JA

Baumängel / Bauschäden

Nach Abschnitt 23 Abs.5 AEBewGrV führen Baumängel oder Bauschäden zu keiner Verkürzung der Restnutzungsdauer und können auch auf keine andere Weise wertmindernd berücksichtigt werden. Laut §8 Abs.3 ImmoWertV werden Baumängel bzw. Bauschäden[1] im Rahmen der Berücksichtigung objektspezifischer Grundstücksmerkmale bei der Wertermittlung wertmindernd berücksichtigt, soweit dies dem gewöhnlichen Geschäftsverkehr entspricht. Die Berücksichtigung kann entweder durch einen marktgerechten Abschlag[2], oder durch eine entsprechend geminderte Restnutzungsdauer erfolgen.

Nachweis des niedrigeren gemeinen Werts: JA

Eine Verkürzung der Restnutzungsdauer aufgrund von Baumängeln bzw. Bauschäden wirkt sich auf die Höhe des Ertragswertes um so stärker aus:
- je höher der Ertragswert der baulichen Anlagen
- je kürzer die Restnutzungsdauer
- je niedriger der Liegenschaftszinssatz

Alte Gebäude

Nach §185 Abs.3 S.5 BewG beträgt die Restnutzungsdauer eines noch nutzbaren Gebäudes regelmäßig noch mindestens 30% seiner wirtschaftlichen Gesamtnutzungsdauer nach Anlage 22 des Bewertungsgesetzes. Daher beträgt die Mindestrestnutzungsdauer bei Mietwohngrundstücken mindestens 24 Jahre, bei gemischt genutzten Grundstücken mindestens 20 Jahre und bei Geschäftsgrundstücken je nach Gebäudeart zwischen 12 und 18 Jahren. Diese Mindestrestnutzungsdauer kann laut Abschnitt 23 Abs.6 AEBewGrV nur in besonderen Fällen, wie z. B. einer bestehenden Abbruchverpflichtung, unterschritten werde. Diese Regelung zur Mindestrestnutzungsdauer hat, wie bereits ausgeführt, auch zur Folge, dass die höchste Stufe für die Bewirtschaftungskosten nach Anlage 23 von 29% des Rohertrages bei Mietwohngrundstücken und 26% bei gemischt genutzten Grundstücken bei einer Restnutzungsdauer von weniger als 20 Jahren nicht zum Ansatz kommt. Es wird daher bei

---

[1] zu Baumängeln und Bauschäden siehe Nr. 3.6.1.1.8 WertR 2006.

[2] zur Berücksichtigung von Zu- und Abschlägen siehe Nr. 3.5.8 WertR 2006.

Gebäuden, deren Restnutzungsdauer unter der Mindestrestnutzungsdauer liegt nicht nur der Gebäudeertrag über einen zu langen Zeitraum kapitalisiert, sondern zusätzlich werden auch zu niedrige Bewirtschaftungskosten unterstellt. Der Ertragswert fällt daher in diesen Fällen zu hoch aus.

Im Rahmen der Wertermittlung nach der ImmoWertV ist keine Mindestrestnutzungsdauer vorgegeben. Nach §6 Abs.6 ImmoWertV bemisst sich die Restnutzungsdauer allein nach der Zahl der Jahre, in denen die baulichen Anlagen noch wirtschaftlich genutzt werden können. Die Restnutzungsdauer ist daher in ihrer Dauer nicht begrenzt. Liegt die tatsächliche Restnutzungsdauer eines Gebäudes unter der Mindestrestnutzungsdauer nach dem Bewertungsgesetz, erscheint ein Nachweis des niedrigeren gemeinen Werts als sinnvoll.

Nachweis des niedrigeren gemeinen Werts: JA

Eine Verkürzung der Restnutzungsdauer aufgrund der Umgehung der Mindestrestnutzungsdauer wirkt sich auf die Höhe des Ertragswertes um so stärker aus

- je höher der Ertragswert der baulichen Anlagen

- je niedriger der Liegenschaftszinssatz

- je niedriger der Bodenwert

- je kürzer die Restnutzungsdauer selbst

6   Zusammenfassung und Schlussbetrachtung

Zuerst erfolgte im zweiten Kapitel der Studie eine Darstellung von Sinn und Zweck der rechtlichen Möglichkeit eines Nachweises des niedrigeren gemeinen Werts nach §198 BewG, sowie eine Beschreibung der Rahmenbedingungen und des Vorgehens bei Erbringung eines solchen Nachweises.

Des Weiteren erfolgte eine genaue Betrachtung der rechtlichen Grundlagen für die Bewertung bebauter Grundstücke im Rahmen der Erbschaft- und Schenkungsteuer. Zum einen für die typisierte Bedarfsbewertung nach den Vorschriften des Bewertungsgesetzes und zum anderen für den Nachweis des niedrigeren gemeinen Werts nach §198 BewG, für welchen die aufgrund der Ermächtigung des §199 Abs.1 BauGB erlassenen Vorschriften, insbesondere die Immobilienwertermittlungsverordnung – ImmoWertV und die Richtlinien für die Ermittlung der Verkehrswerte von Grundstücken –WertR 2006 anzuwenden sind.

Des weiteren wurden die Parameter herausgearbeitet, welche einen Einfluss auf das Bewertungsergebnis haben und daher einer genaueren Analyse in ihrer unterschiedlichen Ausprägung im Rahmen der verschiedenen Bewertungsverfahren erforderten.

In Kapitel Drei erfolgte die genaue Analyse der wertbeeinflussenden Parameter in ihrem Ansatz. Zum einen nach den Vorschriften des Bewertungsgesetzes im Rahmen der steuerlichen Bedarfsbewertung. Zum anderen nach den anzuwendenden Rechtsvorschriften im Rahmen eines Nachweises des niedrigeren gemeinen Werts nach §198 BewG. Im Anschluss an die jeweilige Analyse und Darstellung erfolgte ein Vergleich der Wertansätze und eine Ausführung der entsprechenden Unterschiede.

Aufgrund der in Kapitel Drei ermittelten Abweichungen erfolgte in Kapitel Vier eine Untersuchung und Erläuterung, welchen Einfluss die jeweils festgestellten Abweichungen auf das Bewertungsergebnis haben. Diese Untersuchung erfolgte für die Höhe der Wertansätze innerhalb des Ertragswertverfahrens durch eine Sensitivitätsanalyse, welche die Auswirkung der jeweiligen Veränderung der verschiedenen Wertansätze innerhalb des Ertragswertverfahrens auf das Bewertungsergebnis aufzeigt. Schließlich wurden die abstrakten Ergebnisse der Sensitivitätsanalyse auf konkrete Objekte übertragen und damit eine Entscheidungshilfe gegeben, welche

Wertansätze bei welchen Objekten besonders genau betrachtet werden müssen, um das geeignetste Bewertungsverfahren zu ermitteln.

Schließlich wurden die Erkenntnisse aus den Abweichungsanalysen der vorangegangenen Kapitel auf konkrete Sachverhalte, wie sie in der Praxis denkbar sind angewandt und daraus konkrete Handlungsempfehlungen bezüglich des Nutzens eines Nachweises des niedrigeren gemeinen Werts nach § 198 BewG abgeleitet.

Die genaue Betrachtung des Aufbaus der unterschiedlichen Bewertungsverfahren und ihrer konkreten Wertansätze brachte teilweise erhebliche Unterschiede zwischen den verschiedenen Verfahren zum Vorschein. Diese Unterschiede können je nach Ausprägung des Bewertungsobjekts zu deutlichen Abweichungen in der Höhe des Bewertungsergebnisses führen. Die ermittelten Unterschiede beziehen sich dabei sowohl auf die konkreten Wertansätze innerhalb des Ertragswertverfahrens selbst, als auch auf Abweichungen im Aufbau des Ertragswertverfahrens. Des weiteren haben sich Abweichungen im Rahmen der Bestimmung und Abgrenzung des Bewertungsobjekts, sowie in der Ermittlung des anzuwendenden Bewertungsverfahrens ergeben. Von diesen Abweichungen sind wiederum auch die anderen zwei Bewertungsverfahren, welche das Bewertungsgesetz kennt, nämlich das Vergleichswert- und das Sachwertverfahren betroffen. Auch konnte gezeigt werden, dass es in der Praxis verschiedene konkrete Objekte gibt, bei welchen der Nachweis des niedrigeren gemeinen Werts nach § 198 BewG geradezu zwingend erscheint.

Anhang

Anhang 1: Anlage 21 BewG

(zu §185 Abs. 3 Satz 1, §193 Abs. 3 Satz 2, §194 Abs. 3 Satz 3 und §195 Abs. 2 Satz 2 und Abs. 3 Satz 3)

Vervielfältiger

Restnutzungsdauer; Restlaufzeit des Erbbaurechts bzw. des Nutzungsrechts (in Jahren)	Zinssatz										
	3%	3,5%	4%	4,5%	5%	5,5%	6%	6,5%	7%	7,5%	8%
1	0,97	0,97	0,96	0,96	0,95	0,95	0,94	0,94	0,93	0,93	0,93
2	1,91	1,90	1,89	1,87	1,86	1,85	1,83	1,82	1,81	1,80	1,78
3	2,83	2,80	2,78	2,75	2,72	2,70	2,67	2,65	2,62	2,60	2,58
4	3,72	3,67	3,63	3,59	3,55	3,51	3,47	3,43	3,39	3,35	3,31
5	4,58	4,52	4,45	4,39	4,33	4,27	4,21	4,16	4,10	4,05	3,99
6	5,42	5,33	5,24	5,16	5,08	5,00	4,92	4,84	4,77	4,69	4,62
7	6,23	6,11	6,00	5,89	5,79	5,68	5,58	5,48	5,39	5,30	5,21
8	7,02	6,87	6,73	6,60	6,46	6,33	6,21	6,09	5,97	5,86	5,75
9	7,79	7,61	7,44	7,27	7,11	6,95	6,80	6,66	6,52	6,38	6,25
10	8,53	8,32	8,11	7,91	7,72	7,54	7,36	7,19	7,02	6,86	6,71
11	9,25	9,00	8,76	8,53	8,31	8,09	7,89	7,69	7,50	7,32	7,14
12	9,95	9,66	9,39	9,12	8,86	8,62	8,38	8,16	7,94	7,74	7,54
13	10,63	10,30	9,99	9,68	9,39	9,12	8,85	8,60	8,36	8,13	7,90
14	11,30	10,92	10,56	10,22	9,90	9,59	9,29	9,01	8,75	8,49	8,24
15	11,94	11,52	11,12	10,74	10,38	10,04	9,71	9,40	9,11	8,83	8,56
16	12,56	12,09	11,65	11,23	10,84	10,46	10,11	9,77	9,45	9,14	8,85
17	13,17	12,65	12,17	11,71	11,27	10,86	10,48	10,11	9,76	9,43	9,12
18	13,75	13,19	12,66	12,16	11,69	11,25	10,83	10,43	10,06	9,71	9,37
19	14,32	13,71	13,13	12,59	12,09	11,61	11,16	10,73	10,34	9,96	9,60
20	14,88	14,21	13,59	13,01	12,46	11,95	11,47	11,02	10,59	10,19	9,82
21	15,42	14,70	14,03	13,40	12,82	12,28	11,76	11,28	10,84	10,41	10,02
22	15,94	15,17	14,45	13,78	13,16	12,58	12,04	11,54	11,06	10,62	10,20
23	16,44	15,62	14,86	14,15	13,49	12,88	12,30	11,77	11,27	10,81	10,37
24	16,94	16,06	15,25	14,50	13,80	13,15	12,55	11,99	11,47	10,98	10,53
25	17,41	16,48	15,62	14,83	14,09	13,41	12,78	12,20	11,65	11,15	10,67
26	17,88	16,89	15,98	15,15	14,38	13,66	13,00	12,39	11,83	11,30	10,81
27	18,33	17,29	16,33	15,45	14,64	13,90	13,21	12,57	11,99	11,44	10,94
28	18,76	17,67	16,66	15,74	14,90	14,12	13,41	12,75	12,14	11,57	11,05
29	19,19	18,04	16,98	16,02	15,14	14,33	13,59	12,91	12,28	11,70	11,16
30	19,60	18,39	17,29	16,29	15,37	14,53	13,76	13,06	12,41	11,81	11,26

Restnutzungsdauer; Restlaufzeit des Erbbaurechts bzw. des Nutzungsrechts (in Jahren)	Zinssatz										
	3%	3,5%	4%	4,5%	5%	5,5%	6%	6,5%	7%	7,5%	8%
31	20,00	18,74	17,59	16,54	15,59	14,72	13,93	13,20	12,53	11,92	11,35
32	20,39	19,07	17,87	16,79	15,80	14,90	14,08	13,33	12,65	12,02	11,43
33	20,77	19,39	18,15	17,02	16,00	15,08	14,23	13,46	12,75	12,11	11,51
34	21,13	19,70	18,41	17,25	16,19	15,24	14,37	13,58	12,85	12,19	11,59
35	21,49	20,00	18,66	17,46	16,37	15,39	14,50	13,69	12,95	12,27	11,65
36	21,83	20,29	18,91	17,67	16,55	15,54	14,62	13,79	13,04	12,35	11,72
37	22,17	20,57	19,14	17,86	16,71	15,67	14,74	13,89	13,12	12,42	11,78
38	22,49	20,84	19,37	18,05	16,87	15,80	14,85	13,98	13,19	12,48	11,83
39	22,81	21,10	19,58	18,23	17,02	15,93	14,95	14,06	13,26	12,54	11,88
40	23,11	21,36	19,79	18,40	17,16	16,05	15,05	14,15	13,33	12,59	11,92
41	23,41	21,60	19,99	18,57	17,29	16,16	15,14	14,22	13,39	12,65	11,97
42	23,70	21,83	20,19	18,72	17,42	16,26	15,22	14,29	13,45	12,69	12,01
43	23,98	22,06	20,37	18,87	17,55	16,36	15,31	14,36	13,51	12,74	12,04
44	24,25	22,28	20,55	19,02	17,66	16,46	15,38	14,42	13,56	12,78	12,08
45	24,52	22,50	20,72	19,16	17,77	16,55	15,46	14,48	13,61	12,82	12,11
46	24,78	22,70	20,88	19,29	17,88	16,63	15,52	14,54	13,65	12,85	12,14
47	25,02	22,90	21,04	19,41	17,98	16,71	15,59	14,59	13,69	12,89	12,16
48	25,27	23,09	21,20	19,54	18,08	16,79	15,65	14,64	13,73	12,92	12,19
49	25,50	23,28	21,34	19,65	18,17	16,86	15,71	14,68	13,77	12,95	12,21
50	25,73	23,46	21,48	19,76	18,26	16,93	15,76	14,72	13,80	12,97	12,23
51	25,95	23,63	21,62	19,87	18,34	17,00	15,81	14,76	13,83	13,00	12,25
52	26,17	23,80	21,75	19,97	18,42	17,06	15,86	14,80	13,86	13,02	12,27
53	26,37	23,96	21,87	20,07	18,49	17,12	15,91	14,84	13,89	13,04	12,29
54	26,58	24,11	21,99	20,16	18,57	17,17	15,95	14,87	13,92	13,06	12,30
55	26,77	24,26	22,11	20,25	18,63	17,23	15,99	14,90	13,94	13,08	12,32
56	26,97	24,41	22,22	20,33	18,70	17,28	16,03	14,93	13,96	13,10	12,33
57	27,15	24,55	22,33	20,41	18,76	17,32	16,06	14,96	13,98	13,12	12,34
58	27,33	24,69	22,43	20,49	18,82	17,37	16,10	14,99	14,00	13,13	12,36
59	27,51	24,82	22,53	20,57	18,88	17,41	16,13	15,01	14,02	13,15	12,37
60	27,68	24,94	22,62	20,64	18,93	17,45	16,16	15,03	14,04	13,16	12,38
61	27,84	25,07	22,71	20,71	18,98	17,49	16,19	15,05	14,06	13,17	12,39
62	28,00	25,19	22,80	20,77	19,03	17,52	16,22	15,07	14,07	13,18	12,39
63	28,16	25,30	22,89	20,83	19,08	17,56	16,24	15,09	14,08	13,19	12,40
64	28,31	25,41	22,97	20,89	19,12	17,59	16,27	15,11	14,10	13,20	12,41
65	28,45	25,52	23,05	20,95	19,16	17,62	16,29	15,13	14,11	13,21	12,42
66	28,60	25,62	23,12	21,01	19,20	17,65	16,31	15,14	14,12	13,22	12,42
67	28,73	25,72	23,19	21,06	19,24	17,68	16,33	15,16	14,13	13,23	12,43
68	28,87	25,82	23,26	21,11	19,28	17,70	16,35	15,17	14,14	13,24	12,43
69	29,00	25,91	23,33	21,16	19,31	17,73	16,37	15,19	14,15	13,24	12,44
70	29,12	26,00	23,39	21,20	19,34	17,75	16,38	15,20	14,16	13,25	12,44
71	29,25	26,09	23,46	21,25	19,37	17,78	16,40	15,21	14,17	13,25	12,45
72	29,37	26,17	23,52	21,29	19,40	17,80	16,42	15,22	14,18	13,26	12,45

Restnutzungsdauer; Restlaufzeit des Erbbaurechts bzw. des Nutzungsrechts (in Jahren)	Zinssatz										
	3%	3,5%	4%	4,5%	5%	5,5%	6%	6,5%	7%	7,5%	8%
73	29,48	26,25	23,57	21,33	19,43	17,82	16,43	15,23	14,18	13,27	12,45
74	29,59	26,33	23,63	21,37	19,46	17,84	16,44	15,24	14,19	13,27	12,46
75	29,70	26,41	23,68	21,40	19,48	17,85	16,46	15,25	14,20	13,27	12,46
76	29,81	26,48	23,73	21,44	19,51	17,87	16,47	15,26	14,20	13,28	12,46
77	29,91	26,55	23,78	21,47	19,53	17,89	16,48	15,26	14,21	13,28	12,47
78	30,01	26,62	23,83	21,50	19,56	17,90	16,49	15,27	14,21	13,29	12,47
79	30,11	26,68	23,87	21,54	19,58	17,92	16,50	15,28	14,22	13,29	12,47
80	30,20	26,75	23,92	21,57	19,60	17,93	16,51	15,28	14,22	13,29	12,47
81	30,29	26,81	23,96	21,59	19,62	17,94	16,52	15,29	14,23	13,30	12,48
82	30,38	26,87	24,00	21,62	19,63	17,96	16,53	15,30	14,23	13,30	12,48
83	30,47	26,93	24,04	21,65	19,65	17,97	16,53	15,30	14,23	13,30	12,48
84	30,55	26,98	24,07	21,67	19,67	17,98	16,54	15,31	14,24	13,30	12,48
85	30,63	27,04	24,11	21,70	19,68	17,99	16,55	15,31	14,24	13,30	12,48
86	30,71	27,09	24,14	21,72	19,70	18,00	16,56	15,32	14,24	13,31	12,48
87	30,79	27,14	24,18	21,74	19,71	18,01	16,56	15,32	14,25	13,31	12,48
88	30,86	27,19	24,21	21,76	19,73	18,02	16,57	15,32	14,25	13,31	12,49
89	30,93	27,23	24,24	21,78	19,74	18,03	16,57	15,33	14,25	13,31	12,49
90	31,00	27,28	24,27	21,80	19,75	18,03	16,58	15,33	14,25	13,31	12,49
91	31,07	27,32	24,30	21,82	19,76	18,04	16,58	15,33	14,26	13,31	12,49
92	31,14	27,37	24,32	21,83	19,78	18,05	16,59	15,34	14,26	13,32	12,49
93	31,20	27,41	24,35	21,85	19,79	18,06	16,59	15,34	14,26	13,32	12,49
94	31,26	27,45	24,37	21,87	19,80	18,06	16,60	15,34	14,26	13,32	12,49
95	31,32	27,48	24,40	21,88	19,81	18,07	16,60	15,35	14,26	13,32	12,49
96	31,38	27,52	24,42	21,90	19,82	18,08	16,60	15,35	14,26	13,32	12,49
97	31,44	27,56	24,44	21,91	19,82	18,08	16,61	15,35	14,27	13,32	12,49
98	31,49	27,59	24,46	21,92	19,83	18,09	16,61	15,35	14,27	13,32	12,49
99	31,55	27,62	24,49	21,94	19,84	18,09	16,61	15,35	14,27	13,32	12,49
100	31,60	27,66	24,50	21,95	19,85	18,10	16,62	15,36	14,27	13,32	12,49

In den Fällen anderer Zinssätze der Gutachterausschüsse ist der Vervielfältiger nach folgender Formel zu bilden:

$$V \text{ (Vervielfältiger)} = \frac{1}{q^n} \times \frac{q^n - 1}{q - 1}$$

q = Zinsfaktor = 1 + p : 100

p = Zinssatz

n = Restnutzungsdauer/Restlaufzeit

Anhang 2 : Anlage 22 BewG

(zu §185 Abs. 3 Satz 3, §190 Abs. 2 Satz 2)

Wirtschaftliche Gesamtnutzungsdauer

Einfamilien- und Zweifamilienhäuser	80 Jahre
Mietwohngrundstücke	80 Jahre
Wohnungseigentum	80 Jahre
Geschäftsgrundstücke, gemischt genutzte Grundstücke und sonstige bebaute Grundstücke:	
Gemischt genutzte Grundstücke (mit Wohn- und Gewerbeflächen)	70 Jahre
Hochschulen (Universitäten)	70 Jahre
Saalbauten (Veranstaltungszentren)	70 Jahre
Kur- und Heilbäder	70 Jahre
Verwaltungsgebäude	60 Jahre
Bankgebäude	60 Jahre
Schulen	60 Jahre
Kindergärten (Kindertagesstätten)	60 Jahre
Altenwohnheime	60 Jahre
Personalwohnheime (Schwesternwohnheime)	60 Jahre
Hotels	60 Jahre
Sporthallen (Turnhallen)	60 Jahre
Kaufhäuser, Warenhäuser	50 Jahre
Ausstellungsgebäude	50 Jahre
Krankenhäuser	50 Jahre
Vereinsheime (Jugendheime, Tagesstätten)	50 Jahre
Parkhäuser (offene Ausführung, Parkpaletten)	50 Jahre
Parkhäuser (geschlossene Ausführung)	50 Jahre
Tiefgaragen	50 Jahre
Funktionsgebäude für Sportanlagen (z. B. Sanitär- und Umkleideräume)	50 Jahre
Hallenbäder	50 Jahre
Industriegebäude, Werkstätten ohne Büro- und Sozialtrakt	50 Jahre
Industriegebäude, Werkstätten mit Büro- und Sozialtrakt	50 Jahre
Lagergebäude (Kaltlager)	50 Jahre
Lagergebäude (Warmlager)	50 Jahre
Lagergebäude (Warmlager mit Büro- und Sozialtrakt)	50 Jahre
Einkaufsmärkte, Großmärkte, Läden	40 Jahre
Tennishallen	40 Jahre
Reitsporthallen	40 Jahre

Teileigentum ist in Abhängigkeit von der baulichen Gestaltung den vorstehenden Gebäudeklassen zuzuordnen.

Anhang 3 :Anlage 23 BewG

(zu §187 Abs. 2 Satz 2)

Pauschalierte Bewirtschaftungskosten für Verwaltung, Instandhaltung und Mietausfallwagnis in Prozent der Jahresmiete oder üblichen Miete (ohne Betriebskosten)

Restnutzungsdauer	Grundstücksart			
	1	2	3	4
	Mietwohngrundstück	gemischt genutztes Grundstück mit einem gewerblichen Anteil von bis zu 50% (berechnet nach der Wohn- bzw. Nutzfläche)	gemischt genutztes Grundstück mit einem gewerblichen Anteil von mehr als 50% (berechnet nach der Wohn- bzw. Nutzfläche)	Geschäftsgrundstück
≥ 60 Jahre	21	21		18
40 bis 59 Jahre	23	22		20
20 bis 39 Jahre	27	24		22
< 20 Jahre	29	26		23

Anhang 4: Anlage 3 WertR 06

Bewirtschaftungskosten
**(Verwaltungs- und Instandhaltungskosten sowie Mietausfallwagnis
nach Zweiter Berechnungsverordnung);**
angepasst an den 01.01.2008 (gerundet)

I. Verwaltungskosten zu Nr. 3.5.2.3 WERTR: nach §26 Abs. 2 und 3 sowie §41 Abs. 2 II BV[1]

bis 254,79 €	jährlich je Wohnung, bei Eigenheimen, Kaufeigenheimen und Kleinsiedlungen je Wohngebäude
bis 304,64 €	jährlich je Eigentumswohnung, Kaufeigentumswohnung und Wohnung in der Rechtsform eines eigentumsähnlichen Dauer-wohnrechts
bis 33,32 €	jährlich für Garagen oder ähnliche Einstellplätze

Die nach §26 Abs. 4 II BV vorgesehene Anpassung zum 01.01.2008 ist berücksichtigt. Die genannten Beträge verändern sich am 1. Januar eines jeden darauf folgenden dritten Jahres um den Prozentsatz, um den sich der vom Statistischen Bundesamt festgestellte Verbraucherpreisindex für Deutschland für den der Veränderung vorausgehenden Monat Oktober gegenüber dem Verbraucherpreisindex für Deutschland für den der letzten Veränderung vorausgehenden Monat Oktober erhöht oder verringert hat.

II. Instandhaltungskosten zu Nr. 3.5.2.4 WERTR: nach §28 Abs. 2 bis 5 II BV[2]

bis 7,87 €/m^2	Wohnfläche je Jahr für Wohnungen, deren Bezugsfertigkeit am Ende des Kalenderjahres weniger als 22 Jahre zurück liegt
bis 9,97 €/m^2	Wohnfläche je Jahr für Wohnungen, deren Bezugsfertigkeit am Ende des Kalenderjahres mindestens 22 Jahre zurück liegt
bis 12,74 €/m^2	Wohnfläche je Jahr für Wohnungen, deren Bezugsfertigkeit am Ende des Kalenderjahres mindestens 33 Jahre zurück liegt
bis 75,33 €	je Garagen- oder Einstellplatz im Jahr einschließlich der Kosten für die Schönheitsreparatur

Zu- und Abschläge:

abzüglich 0,22 €	jährlich je Quadratmeter Wohnung, bei eigenständig gewerblicher Leistung von Wärme i. S. d. §1 Abs. 2 Nr. 2 der HeizkostenV
abzüglich 1,17 €	jährlich je Quadratmeter Wohnung, wenn der Mieter die Kosten der kleinen Instandhaltung trägt
zuzüglich 1,11 €	jährlich je Quadratmeter Wohnung, wenn ein maschinell betriebener Aufzug vorhanden ist
zuzüglich bis 9,41 €	jährlich je Quadratmeter Wohnung, wenn der Vermieter die Kosten der Schönheitsreparaturen trägt

Die nach §26 Abs. 4 II BV vorgesehene Anpassung zum 01.01.2008 ist berücksichtigt. Die genannten Beträge verändern sich am 01. Januar eines jeden darauf folgenden dritten Jahres nach Maßgabe des vorstehenden für die Verwaltungskosten maßgeblichen Grundsatzes.

III. Mietausfallwagnis zu Nr. 3.5.2.5 WERTR u. a. nach §29 II BV[3]

Als Erfahrungssätze können angesetzt werden:

2 vom Hundert	der Nettokaltmiete bei Mietwohn- und gemischt genutzten Grundstücken
4 vom Hundert	der Nettokaltmiete bei Geschäftsgrundstücken

---

[1] Zweite Berechnungsverordnung (II. BV) in der Fassung der Bekanntmachung vom 12. Oktober 1990 (BGBl. I 1990, 2178), zuletzt geändert durch Artikel 3 der Verordnung zur Berechnung der Wohnfläche, über die Aufstellung von Betriebskosten und zur Änderung anderer Verordnungen vom 25. November 2003 (BGBl. I 2003, 2346)

[2] Ebenda

[3] Ebenda

Anhang 5: Anlage 4 WertR 06

Durchschnittliche wirtschaftliche Gesamtnutzungsdauer bei ordnungsgemäßer Instandhaltung (ohne Modernisierung)

Einfamilienhäuser (entsprechend ihrer Qualität) einschließlich — 60 bis 100 Jahre
– frei stehendes Einfamilienhaus (auch mit Einliegerwohnung)
– Zwei- und Dreifamilienhaus

Reihenhaus (bei leichter Bauweise kürzer)	60 bis 100 Jahre
Fertighaus in Massiv-, Fachwerk- und Tafelbauweise	60 bis 80 Jahre
Siedlungshaus	60 bis 70 Jahre

Wohn- und Geschäftshäuser

Mehrfamilienhaus (Mietwohngebäude)	60 bis 80 Jahre
Gemischt genutzte Wohn- und Geschäftshäuser	60 bis 80 Jahre
mit einem gewerblichen Mietertragsanteil bis 80 %	50 bis 70 Jahre

Verwaltungs- und Bürogebäude

Verwaltungsgebäude, Bankgebäude	50 bis 80 Jahre
Gerichtsgebäude	60 bis 80 Jahre

Gemeinde- und Veranstaltungsgebäude

Vereins- und Jugendheime, Tagesstätten	40 bis 80 Jahre
Gemeindezentren, Bürgerhäuser	40 bis 80 Jahre
Saalbauten, Veranstaltungszentren	60 bis 80 Jahre
Kindergärten, Kindertagesstätten	50 bis 70 Jahre
Ausstellungsgebäude	30 bis 60 Jahre

Schulen

Schulen, Berufsschulen	50 bis 80 Jahre
Hochschulen, Universitäten	60 bis 80 Jahre

Wohnheime, Krankenhäuser, Hotels

Personal- und Schwesternwohnheime, Altenwohnheime, Hotels,	40 bis 80 Jahre
Allgemeine Krankenhäuser	40 bis 60 Jahre

Sport- und Freizeitgebäude, Bäder

Tennishallen	30 bis 50 Jahre
Turn- und Sporthallen	50 bis 70 Jahre
Funktionsgebäude für Sportanlagen	40 bis 60 Jahre
Hallenbäder	40 bis 70 Jahre
Kur- und Heilbäder	60 bis 80 Jahre

Kirchen, Stadt- und Dorfkirchen, Kapellen — 60 bis 80 Jahre

Einkaufsmärkte, Warenhäuser

Einkaufsmärkte	30 bis 80 Jahre
Kauf- und Warenhäuser	40 bis 60 Jahre

Parkhäuser, Tiefgaragen — 50 Jahre

Tankstelle	10 bis 20 Jahre
Industriegebäude, Werkstätten, Lagergebäude	40 bis 60 Jahre

Landwirtschaftliche Wirtschaftsgebäude

Reithallen, Pferde-, Rinder-, Schweine-, Geflügelställe	30 Jahre
Scheune ohne Stallteil	40 bis 60 Jahre
Landwirtschaftliche Mehrzweckhalle	40 Jahre

Anhang 6: §2 BetrKV

Aufstellung der Betriebskosten

Betriebskosten im Sinne von §1 sind:

1. die laufenden öffentlichen Lasten des Grundstücks,
   hierzu gehört namentlich die Grundsteuer;

2. die Kosten der Wasserversorgung,
   hierzu gehören die Kosten des Wasserverbrauchs, die Grundgebühren, die Kosten der Anmietung oder anderer Arten der Gebrauchsüberlassung von Wasserzählern, sowie die Kosten ihrer Verwendung einschließlich der Kosten der Eichung, sowie der Kosten der Berechnung und Aufteilung, die Kosten der Wartung von Wassermengenreglern, die Kosten des Betriebs einer hauseigenen Wasserversorgungsanlage und einer Wasseraufbereitungsanlage einschließlich der Aufbereitungsstoffe;

3. die Kosten der Entwässerung,
   hierzu gehören die Gebühren für die Haus- und Grundstücksentwässerung, die Kosten des Betriebs einer entsprechenden nicht öffentlichen Anlage und die Kosten des Betriebs einer Entwässerungspumpe;

4. die Kosten

   a. des Betriebs der zentralen Heizungsanlage einschließlich der Abgasanlage, hierzu gehören die Kosten der verbrauchten Brennstoffe und ihrer Lieferung, die Kosten des Betriebsstroms, die Kosten der Bedienung, Überwachung und Pflege der Anlage, der regelmäßigen Prüfung ihrer Betriebsbereitschaft und Betriebssicherheit einschließlich der Einstellung durch eine Fachkraft, der Reinigung der Anlage und des Betriebsraums, die Kosten der Messungen nach dem Bundes-Immissionsschutzgesetz, die Kosten der Anmietung oder anderer Arten der Gebrauchsüberlassung einer Ausstattung zur Verbrauchserfassung sowie die Kosten der Verwendung einer Ausstattung zur Verbrauchserfassung einschließlich der Kosten der Eichung sowie der Kosten der Berechnung und Aufteilung

   oder

   b. des Betriebs der zentralen Brennstoffversorgungsanlage,
      hierzu gehören die Kosten der verbrauchten Brennstoffe und ihrer Lieferung, die Kosten des Betriebsstroms und die Kosten der Überwachung sowie die Kosten der Reinigung der Anlage und des Betriebsraums

   oder

   c. der eigenständig gewerblichen Lieferung von Wärme, auch aus Anlagen im Sinne des Buchstabens a, hierzu gehören das Entgelt für die Wärmelieferung und die Kosten des Betriebs der zugehörigen Hausanlagen entsprechend Buchstabe a

   oder

   d. der Reinigung und Wartung von Etagenheizungen und Gaseinzelfeuerstätten,
      hierzu gehören die Kosten der Beseitigung von Wasserablagerungen und Verbrennungsrückständen in der Anlage, die Kosten der regelmäßigen Prüfung der Betriebsbereitschaft und Betriebssicherheit und der damit zusammenhängenden Einstellung durch eine Fachkraft sowie die Kosten der Messungen nach dem Bundes-Immissionsschutzgesetz;

5. die Kosten
    a. des Betriebs der zentralen Warmwasserversorgungsanlage,
       hierzu gehören die Kosten der Wasserversorgung entsprechend Nummer 2, soweit sie nicht dort bereits berücksichtigt sind, und die Kosten der Wassererwärmung entsprechend Nummer 4 Buchstabe a

    oder

    b. der eigenständig gewerblichen Lieferung von Warmwasser, auch aus Anlagen im Sinne des Buchstabens a,
       hierzu gehören das Entgelt für die Lieferung des Warmwassers und die Kosten des Betriebs der zugehörigen Hausanlagen entsprechend Nummer 4 Buchstabe a

    oder

    c. der Reinigung und Wartung von Warmwassergeräten,
       hierzu gehören die Kosten der Beseitigung von Wasserablagerungen und Verbrennungsrückständen im Innern der Geräte sowie die Kosten der regelmäßigen Prüfung der Betriebsbereitschaft und Betriebssicherheit und der damit zusammenhängenden Einstellung durch eine Fachkraft;

6. die Kosten verbundener Heizungs- und Warmwasserversorgungsanlagen
    a. bei zentralen Heizungsanlagen entsprechend Nummer 4 Buchstabe a und entsprechend Nummer 2, soweit sie nicht dort bereits berücksichtigt sind,

    oder

    b. bei der eigenständig gewerblichen Lieferung von Wärme entsprechend Nummer 4 Buchstabe c und entsprechend Nummer 2, soweit sie nicht dort bereits berücksichtigt sind,

    oder

    c. bei verbundenen Etagenheizungen und Warmwasserversorgungsanlagen entsprechend Nummer 4 Buchstabe d und entsprechend Nummer 2, soweit sie nicht dort bereits berücksichtigt sind;

7. die Kosten des Betriebs des Personen- oder Lastenaufzugs,
   hierzu gehören die Kosten des Betriebsstroms, die Kosten der Beaufsichtigung, der Bedienung, Überwachung und Pflege der Anlage, der regelmäßigen Prüfung ihrer Betriebsbereitschaft und Betriebssicherheit einschließlich der Einstellung durch eine Fachkraft sowie die Kosten der Reinigung der Anlage;

8. die Kosten der Straßenreinigung und Müllbeseitigung,
   zu den Kosten der Straßenreinigung gehören die für die öffentliche Straßenreinigung zu entrichtenden Gebühren und die Kosten entsprechender nicht öffentlicher Maßnahmen; zu den Kosten der Müllbeseitigung gehören namentlich die für die Müllabfuhr zu entrichtenden Gebühren, die Kosten entsprechender nicht öffentlicher Maßnahmen, die Kosten des Betriebs von Müllkompressoren, Müllschluckern, Müllabsauganlagen sowie des Betriebs von Müllmengenerfassungsanlagen einschließlich der Kosten der Berechnung und Aufteilung;

9. die Kosten der Gebäudereinigung und Ungezieferbekämpfung,
   zu den Kosten der Gebäudereinigung gehören die Kosten für die Säuberung der von den Bewohnern gemeinsam genutzten Gebäudeteile, wie Zugänge, Flure, Treppen, Keller, Bodenräume, Waschküchen, Fahrkorb des Aufzugs;

10. die Kosten der Gartenpflege,
    hierzu gehören die Kosten der Pflege gärtnerisch angelegter Flächen einschließlich der Erneuerung von Pflanzen und Gehölzen, der Pflege von Spielplätzen einschließlich der Erneuerung von Sand und der Pflege von Plätzen, Zugängen und Zufahrten, die dem nicht öffentlichen Verkehr dienen;

11. die Kosten der Beleuchtung,
    hierzu gehören die Kosten des Stroms für die Außenbeleuchtung und die Beleuchtung der von den Bewohnern gemeinsam genutzten Gebäudeteile, wie Zugänge, Flure, Treppen, Keller, Bodenräume, Waschküchen;

12. die Kosten der Schornsteinreinigung,
    hierzu gehören die Kehrgebühren nach der maßgebenden Gebührenordnung, soweit sie nicht bereits als Kosten nach Nummer 4 Buchstabe a berücksichtigt sind;

13. die Kosten der Sach- und Haftpflichtversicherung,
    hierzu gehören namentlich die Kosten der Versicherung des Gebäudes gegen Feuer-, Sturm-, Wasser- sowie sonstige Elementarschäden, der Glasversicherung, der Haftpflichtversicherung für das Gebäude, den Öltank und den Aufzug;

14. die Kosten für den Hauswart,
    hierzu gehören die Vergütung, die Sozialbeiträge und alle geldwerten Leistungen, die der Eigentümer oder Erbbauberechtigte dem Hauswart für seine Arbeit gewährt, soweit diese nicht die Instandhaltung, Instandsetzung, Erneuerung, Schönheitsreparaturen oder die Hausverwaltung betrifft; soweit Arbeiten vom Hauswart ausgeführt werden, dürfen Kosten für Arbeitsleistungen nach den Nummern 2 bis 10 und 16 nicht angesetzt werden;

15. die Kosten

    a. des Betriebs der Gemeinschafts-Antennenanlage,
       hierzu gehören die Kosten des Betriebsstroms und die Kosten der regelmäßigen Prüfung ihrer Betriebsbereitschaft einschließlich der Einstellung durch eine Fachkraft oder das Nutzungsentgelt für eine nicht zu dem Gebäude gehörende Antennenanlage sowie die Gebühren, die nach dem Urheberrechtsgesetz für die Kabelweitersendung entstehen,

       oder

    b. des Betriebs der mit einem Breitbandkabelnetz verbundenen privaten Verteilanlage,
       hierzu gehören die Kosten entsprechend Buchstabe a, ferner die laufenden monatlichen Grundgebühren für Breitbandkabelanschlüsse;

16. die Kosten des Betriebs der Einrichtungen für die Wäschepflege,
    hierzu gehören die Kosten des Betriebsstroms, die Kosten der Überwachung, Pflege und Reinigung der Einrichtungen, der regelmäßigen Prüfung ihrer Betriebsbereitschaft und Betriebssicherheit sowie die Kosten der Wasserversorgung entsprechend Nummer 2, soweit sie nicht dort bereits berücksichtigt sind;

17. sonstige Betriebskosten,
    hierzu gehören Betriebskosten im Sinne des § 1, die von den Nummern 1 bis 16 nicht erfasst sind.

Literaturverzeichnis

Drosdzol, Wolf-Dietrich /
Stemmler, Johannes: Die neue Bewertung des Grundbesitzes nach
dem Erbschaftsteuerreformgesetz, Sinzig 2009

Eisele, Dirk: Erbschaftsteuerreform 2009, Herne 2009

Emert, H.: Die Fehlerübertragung beim Ertragswertverfahren, in: Allgemeine Vermessungsnachrichten
Nr.5, 1967, S. 213-218

Gehri, Clemens /
Munk, Andreas: Immobilien: Steuern und Wertermittlung, Köln
2010

Götzenberger, Anton-Rudolf: Optimale Vermögensübertragung: Erbschaft- und
Schenkungsteuer, 3. Auflage, Herne 2010

Grootens, Mathias / Kraus, Ingo: Die neue Grundbesitzbewertung nach dem
ErbStRG, in: NWB-EV Nr.7 vom 1.7.2009,
S. 239 ff.

Grootens, Mathias / Kraus, Ingo: Bewertung von Grundvermögen: Vorschriften der
Einheitsbewertung und der Grundbesitzbewer-
tung, in: NWB-EV Nr.12 vom 2.12.2009, S.458 ff.

Haack, Björn: Sensitivitätsanalyse zur Verkehrswertermittlung
von Grundstücken, Dissertation, München 2008

Hübner, Heinrich: Erbschaftsteuerreform 2009, München 2009

Kleiber, Wolfgang (Hrsg.):   WertR 06: Wertermittlungsrichtlinien und Immo-
                                     WertV 2010, 10. Auflage, Köln 2010

Korte, Meinolf: Verkehrswertermittlung?, in: NWB Nr.22 vom
                                     25.5.2009, S. 1639 ff.

Kreutziger, Stefan / Schaffner,
Margit / Stephany, Ralf: Bewertungsgesetz - Kommentar, 2. Auflage,
                                     München 2009

Metzger, Bernd: Wertermittlung von Immobilien und Grundstü-
                                     cken, 4. Auflage, Freiburg, Br.; Berlin; München
                                     2010

Sprengnetter, Hans-Otto /
Kierig, Jochem: ImmoWertV: das neue Wertermittlungsrecht;
                                     Kommentar zur Immobilienwertermittlungs-
                                     verordnung; Sinzig 2010

BFH-Urteil vom 10.11.2004, II R69/01, in: BStBL II 2005, S. 259

BFH-Urteil vom 3.12.2008, IIR 19/08,in BStBl. II 2009, S.403.

Die Autorin

Simone Kopp, Jahrgang 1973, Dipl. Betriebwirt (FH), Studium der Betriebswirt-schaftslehre an der AKAD-Fachhochschule Stuttgart mit den Schwerpunkten Steu-ern, Rechnungswesen, Revision. Im Laufe ihres Studiums entwickelte die Autorin ein besonderes Interesse an der Bearbeitung steuerlicher Probleme im Bereich der Immobilien. Insbesondere die Bewertung unbebauter und bebauter Grundstücke für die Erbschaft- und Schenkungsteuer und Problemstellungen den Bodenrichtwert betreffend sind Gegenstand des Interesses.